中國古代車輿馬具

刘永华 著

清华大学出版社
北京

图书在版编目（CIP）数据

中国古代车舆马具 / 刘永华著. —北京：清华大学出版社，2013（2023.9重印）
ISBN 978-7-302-32953-4

Ⅰ.①中… Ⅱ.①刘… Ⅲ.①车马器 – 研究 – 中国 Ⅳ.① K875.34

中国版本图书馆CIP数据核字（2013）第148410号

责任编辑：徐　颖
装帧设计：彩奇风
责任校对：王凤芝
责任印制：杨　艳

出版发行：清华大学出版社
　　　　网　　址：http://www.tup.com.cn，　　　http://www.wqbook.com
　　　　地　　址：北京清华大学学研大厦A座　　　邮　　编：100084
　　　　社总机：010-83470000　　　　　　　　邮　　购：010-62786544
　　　　投稿与读者服务：010-62776969, c-service@tup.tsinghua.edu.cn
　　　　质量反馈：010-62772015, zhiliang@tup.tsinghua.edu.cn
印装者：涿州市般润文化传播有限公司
经　销：全国新华书店
开　本：185mm×240mm　　　印　张：20.25　　　字　数：298千字
版　次：2013年11月第1版　　　印　次：2023年9月第6次印刷
定　价：99.00元

产品编号：043859-03

前言

　　车马是中国古代最主要的陆路交通工具。数千年来，它们曾在社会生活中占据过举足轻重的地位，无论是劳动生产还是战争，或者是政治活动，它们都是不可或缺的重要工具与装备，其数量的多寡与质量的优劣，经常成为衡量某一时期的社会发达与落后、国势强盛与衰弱的重要标准。因此，通过研究古代的车舆马具，能深入了解古代的政治、军事、科学、文化的进步与发展，对继承与弘扬中华文明的宝贵遗产能产生积极的推动和促进作用。

　　马从野生到被人驯养经历过一段漫长的岁月，考古材料所证实的历史可以追溯到公元前四千余年的新石器时代。在俄罗斯基辅的铜器时代遗址中曾发掘出用鹿角制成的马嚼，同时发现的马牙上还留有被这种马嚼子磨伤的痕迹。华夏祖先在铜石器并用时代可能也开始驯养马了，黄河中游一带的龙山文化遗址出土过很多马骨，但这些马到底是狩猎来的，还是驯养的，目前尚找不到明确的证据。中国青海省刚察县泉吉乡黑山舍布齐沟的一幅岩画《骑射牦牛图》，很明确地描绘出我们的祖先这时候已开始骑马狩猎了。

　　车的发明比起驯养马又晚了一千余年，全世界最早的车的形象是从中东地区距今四千六百余年的苏美尔王朝乌尔王陵中的一件艺术品上发现的，这是一辆用四匹马拉的四轮运兵战车，从车轮的构造上可以看出它是最原始的马车。据《左传》《世本》等文献的记载，中国在夏代开始使用车，但河南安阳殷墟的考古发掘材料却表明，直到公元前一千四百余年的商代中期人们才开始大量造车，早于商代的实物至今也没有发现，所以西方学术界一直持有中国马车是从西方经欧亚草原引入的观点。

回顾中国古代马车的发展史，大致可以分为前、后两个时期：商至西汉为前期，两汉之交为后期。商至西汉时期，马车既是统治阶层专有的奢侈品，是上层人物社会地位的象征，同时又是重要的军事装备。考古材料证实，在商周时期，作为贵族日常生活用的乘车和作战用的战车，在形制、结构上尚无明显的不同；至春秋战国时期，这两种车的区别就越来越显著了。乘车不仅在结构设计，而且在造材用料、对车的装饰上都日益追求舒适豪华，而战车则着重考虑灵便轻巧，牢固耐用。作为乘车的马车到秦汉之际可以说发展到了顶峰，这时候适于不同用途的各种车型已全部出现，一整套与帝王公卿身份地位匹配的用于出行仪典的车辂制度也伴随着封建政治制度的完善而最终形成。作为战车的马车至战国中期是其发展的鼎盛阶段，以车马的数量与质量来衡量军事实力及国势的强弱精锐正是在这个时候。纵观马车发展的前期，无论是乘车还是战车，其制造技术之完美，设计构思之合理、精密，都是完全出乎我们想象的，足以引起我们惊叹的。

两汉之交时期，盛极而衰的首先是战车。战车的衰落缘于骑兵的崛起。骑兵作战的快速机动能力不亚于战车，而其较少受战场地理条件限制的优点，使战车相形见绌，战车渐渐被淘汰出战场。与此同时，由于发明了较为完备的骑马鞍具，乘骑已不像从前那么困难了，王公显贵为了赶时髦纷纷弃车骑马，于是乘车的地位也开始下降。至魏晋时期，高级乘车大多改由牛来驾挽，马车一般只用于运输货物，虽然直到清代，在历朝帝王的仪仗卤簿中仍保留着各种名目的用马驾挽的辂车，但主要供人观赏，很少实际使用。

中国古车还存在独辀车与双辕车的两个发展阶段，即先秦时期的独辀车阶段，西汉中期以后的双辕车阶段。

先秦时期的独辀车：绝大多数车辕是单根的，装在车厢的中部，这种车称作"独辀车"；西汉中期以后的双辕车：车辕基本上为双辕，装在车厢的两侧，这种车称作"双辕车"。

以马车为例，独辀车至少需用两匹马才能驾车，多时可用四匹、六匹、八匹马来驾挽；双辕车一般只用一匹马，特殊情况也有用三匹或五匹马系驾的。

古车的驾挽方法，以世界范围而论，曾先后使用过颈式、胸式、鞍套式三种系驾法。

颈式系驾法最早出现于公元前三千余年的美索不达米亚，一直使用到公元前3世纪。波斯与罗马的古车都采用这种系驾法，虽然其间出现过不少小的改进，但基本的方法一直没有变化。以前国外有些学者认为中国古车的驾挽方法也是采用颈式系驾法，但近40年来的考古发现，为我们提供了一系列证据，证明中国古代驾车主要使用的是胸式系驾法，这一系驾法在西周时就已出现（商代的发掘材料中也发现有使用这种方法的迹象，但目前还不能确定），到战国后期已十分完善。

胸式系驾法部分采用了颈式系驾法，但克服了压迫马气管、不利于发挥马力等缺点，在充分利用畜力资源方面无疑是更先进的。胸式系驾法在中国使用了两千多年之后西方才开始引用，而这时中国已开始使用鞍套式系驾法了。

鞍套式系驾法主要用于双辕车，这一方法经过唐末、五代的不断改进，至宋元时期最后定型。我们今天所看到的马、牛、驴、骡车的系驾，基本上沿用了当时的方法。

古人在驯服野马的实践中还发明了一套用来控驭马的马具。

马具共分三类：

鞁具：控制马首。主要由辔头、镳和衔组成；

挽具：用于车与马固定。主要有鞅、靳、靷等带具，西汉以后新增胸带、鞦带；

鞍具：乘骑用具。由马鞍、障泥、镫、胸带、鞦带等组成。

驾车时主要使用鞁具和挽具,乘骑时主要使用鞁具和鞍具。

鞁具用于控制马首,任何暴烈的马只要给它套上鞁具就有希望驯服。鞁具由辔头、镳和衔组成,早期的鞁具大多有辔头而无镳、衔。镳、衔出现于商代晚期,当时的结构还不很成熟,至春秋初期,镳、衔就很完善了,大量的出土实物证实它们在当时已具有很高的普及率。

挽具是驾车时把车固定在马身上的装备,这些装备在先秦时主要有軛、靳、靷等带具,西汉以后新增胸带、鞧带,挽具在使用双辕车以后有比较明显的改进。

鞍具是乘骑用具,由马鞍、障泥、镫、胸带、鞧带等组成,胸带、鞧带早先用于驾车,后来则用于固定马鞍。

最初的马鞍没有鞍桥,骑马也没有马镫。

鞍桥出现于西汉晚期,刚出现时很低很平,直到晋代才开始使用高鞍桥马鞍,同时,垫于鞍下、垂于马腹两侧的障泥也流行起来。

晋代最重要的发明则是马镫。西晋初只用单个,主要供上马时踩踏,时隔不久,双镫就普及开来。

马镫的发明具有深远的历史意义,它大大减轻了骑马的难度,正是具备了有镫的鞍具,南北朝时人马披甲的重装骑兵才得以蓬勃发展。马镫流传到欧洲后,西方中世纪的重甲骑兵才随之出现。重甲骑兵对社会的变革具有强大的影响力,林恩·怀特曾赞誉说:"只有极少的发明像马镫这么简单,但却在历史上产生了如此巨大的催化影响。"鞍具虽然于西晋时已经齐备,但在此后相当长的时期内不断有所改进,特别是鞍和镫。

古代的车舆马具造好之后都要进行装饰。木结构车最主要的装饰手段是髹漆。反复多层地髹漆在木质表面上形成厚厚的漆膜,不仅使车鲜艳光亮,具有很好的保护功能,而且不同时代的彩绘呈现出迥异的艺术风格与艺术样式:西汉时车在油漆之前还须用骨粉拌和膏泥做成底子,与现在用猪血老粉做油漆底子的传统办法有异曲同工之妙。油漆后还要彩绘,商周时期彩绘纹饰尚较简约,战国之后图案色彩就越来越繁复艳丽、细致工整。秦汉、唐宋时期更是"朱班重牙、画毂纹辀"、"左青龙、右白虎",极尽描绘之能事。

除髹漆彩绘外,古车在关键、突出的部位还装有青铜饰件。这些饰件有的是必不可少的附件,如辕饰*、衡首饰和车軎,有的是可有可无纯粹为了美观而添加的饰品,如铃銮、衡中饰、柱首饰等。先秦时期青铜器主要采用错金银技术装饰;商、周时期还常用兽骨、蚌、贝壳等材料,制作十分精美;秦汉以后更多地使用鎏金,或直接用金、银材料镶嵌、打造,王公显贵的全套车舆马具往往价值连城。

中国的车舆马具后来流传到东南亚和欧洲,其装饰技术及艺术风格也在这些地区和国家传扬开来,为世界性的文化艺术交流做出了贡献。

研究古代的车舆马具是考古学、历史学的重要课题,特别是对古车的研究,从春秋时代的《考工记》就已开始,但由于木结构的车子不能长期保存,后世学者缺乏实物对照,仅根据文字记载不能正确推想出古车的具体结构,所以经常误解文献记载的含义。有时迫于政治需要(如为帝王考证车驾卤簿仪典制度等)而咬文嚼字、引经据典地闭门造车,凭空想象画出一些脱离实际的古车复原图,结果不仅歪曲了古车的本来面貌,还把研究引入歧途。

这一局面直到20世纪初河南安阳殷墟的发掘才得以改变。当时发现了多处商代车马坑的残迹,这些残迹为古车研究开辟了新途径。遗憾的是,限于当时的技术条件,尚不能熟练地从黄土中完整地剥剔出木质车腐烂后留下的痕迹,所以还是没有弄清古车的全貌。

新中国成立后,对古车的研究有了突破性进展,20世纪50年代,中国科学院考古研究所首先在河南辉县成功地剥剔出战国时代的车迹;随后又陆续在安阳大司空村和孝民屯,陕西长安张家坡,河南三门峡上村岭与淮阳,北京琉璃河、大葆台,山东胶县、临淄,山西太原等地,发掘出一大批上至商周、下至秦汉的车马坑,并完整地保存了其中绝大部分古车痕迹。根据这些痕迹能基本准确地测量、剖析出古车的尺寸与构造,了解古车的用材、制造技术和装饰方法,并能对历代车的形制变化进行分析比较。同时,在车马坑

辕饰:在没有出土双辕车之前,考古学上把独辀头上的青铜饰称作辀饰,双辕车出现之后才改称辕饰,因辀为古字现已不通用,故后面文字中统一称作辕饰。

中随葬的各类马具，以及其他墓葬中出土的马具马饰和墓室里的壁画、石刻等，也为研究各个时代的马具发展提供了实物和形象数据。这些丰富翔实的资料，为理论研究创造了基本条件。

20世纪80年代后，一批专家学者陆续发表的一系列论文、专著，如杨泓先生的《战车与车战》《中国古代马具的发展和对外影响》，孙机先生的《中国古独辀马车的结构》《从胸式系驾法到鞍套式系驾法》，杨英杰先生的《先秦古车挽马部分鞁具与马饰考辩》，杨宝成先生的《殷代车子的发现与复原》，郭宝钧先生的《殷周车器研究》，李米佳先生的《李米佳谈古代帝王车辂》等等，把古车研究推向了新的阶段。笔者正是得益于这些重要的研究成果萌发了将其汇编成书的念头，同时借机发挥善于绘画的特长，把古代车舆马具的基本原貌描绘出来，使读者能通过图文对照了解、欣赏这些文化瑰宝。

对于这项研究是要长期不断深入进行的，特别是根据考古材料进行的研究，每一次新的发现都可能会修正业已形成的观点，如1995年在安阳梅园庄发掘出一座商代车马坑，在其中一辆车上发现了车辁，这一发现立即推翻了半个多世纪以来持有的辁出现于西周时期的观点。所以，我们现在所作的每个结论，将来都可能面临新的挑战。更何况我不是一位专业研究人员，没有接受过专业训练，也没有参加过考古发掘的实际工作，所以在编写本书的过程中难免有疏漏之处，我真诚地希望读者发现后能给予指教，予以修正，或许通过相互讨论能把这项研究深入进行下去，这也是我斗胆写这本书的目的。

刘永华

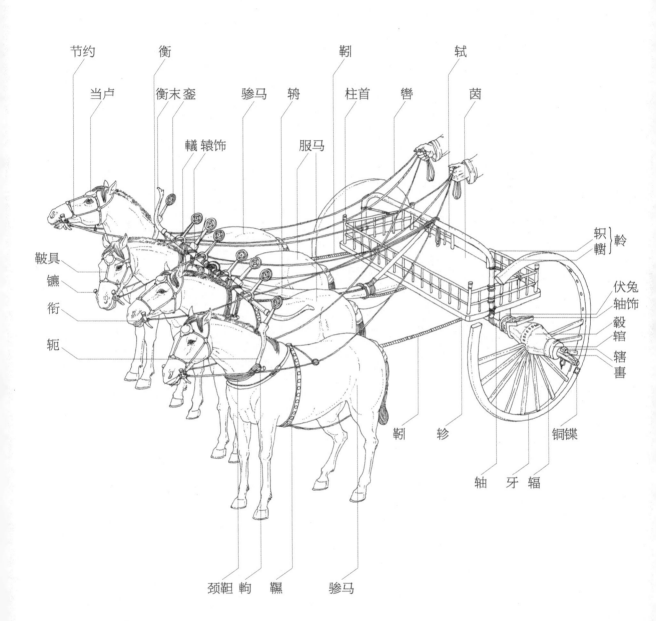

节约　　　衡　　　　　　　　　　靷　　　　轼

当卢　　　衡末銮　　骖马　　鞃　　柱首　　缳　　　茵

轙辕饰　　　　　服马

鞁具　　　　　　　　　　　　　　　　　　　轵 轸〕轮

镳

衔　　　　　　　　　　　　　　　　　　　　　伏兔 轴饰
　　　　　　　　　　　　　　　　　　　　　　　毂辐
轭　　　　　　　　　　　　　　　　　　　　　辖軎

　　　　　　　　　　　　　　　　靷 轸　　　铜镍

　　　　　　　　　　　　　　　　轴　牙辐

颈靼 鞅 鞦　　骖马

独辀车车舆马具名称说明图

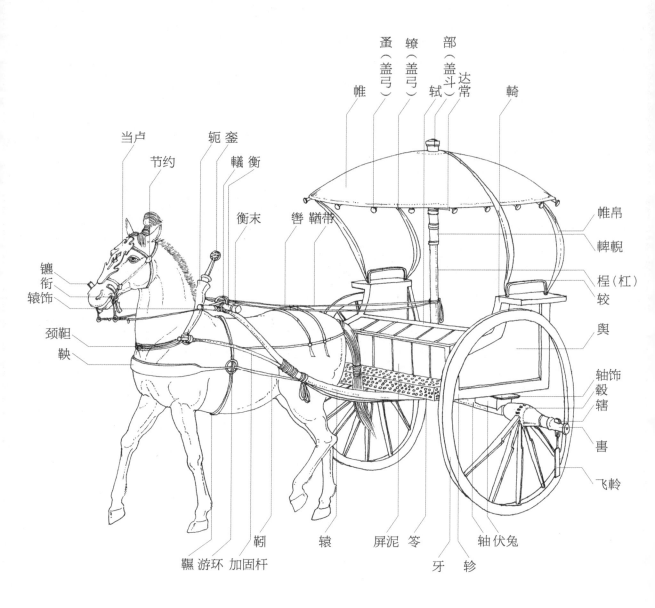

双辕车车舆马具名称说明图

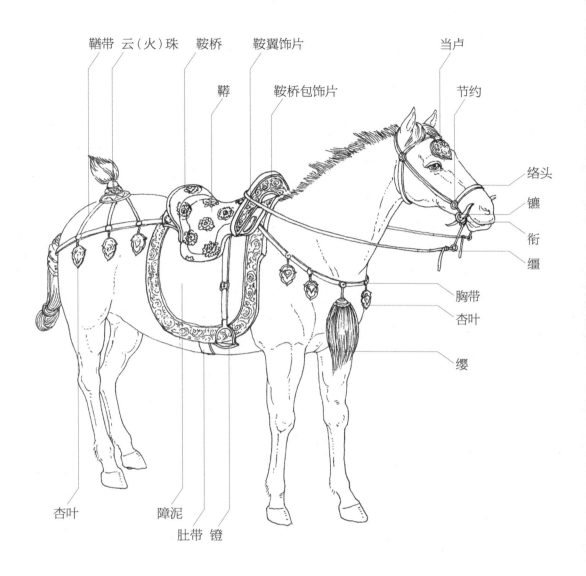

鞦带　云(火)珠　鞍桥　鞍翼饰片　　　　　当卢

鞊　　鞍桥包饰片　　　　　节约

络头

镳

衔

缰

胸带

杏叶

缨

杏叶　　障泥　肚带　镫

马鞍具名称说明图

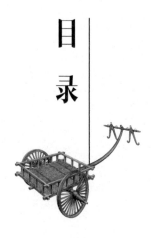

目录

壹·车的起源

图1-1 美索不达米亚苏美尔王朝的乌尔王陵出土的一幅四匹马拉的四轮战车图

古代，在辽阔的土地上，最理想的交通工具当然是车——这是在当时的物质生产条件下所能制造出的最好的运载工具。

现已掌握的资料表明，全世界最早使用车的是美索不达米亚，在出土的公元前四千六百多年苏美尔王朝的乌尔王陵旗柱上，有一幅四匹马拉的四轮战车图，图上车的车轮没有辐条，像是用两块木板拼合而成（图1-1）。公元前两千年左右，俄罗斯南部草原也开始用车，从亚美尼亚鲁查森11号古墓出土的一辆两轮轻型马车实物显示，这时车的构造已有了很大的改进（图1-2），这些是距今五千余年的最原始的车。

中国的车出现于何时?文献中说法不一。比较集中的观点认为是夏禹时代的奚仲发明的。如《古史考》："禹时奚仲驾马，仲又作车，更广其制也。"其他一些文献也有类似的记载。而《通志·器服略》等书则把车的发明上溯到黄帝时代。同是《古史考》又云："黄帝作车，至少昊始驾牛，及陶唐氏制彤

图1-2 俄罗斯亚美尼亚鲁查森11号古墓出土的两轮轻型马车复原图

车，乘白马，则马驾之初也，有虞氏因彤车而制鸾车，夏后氏因鸾车而制钩车，奚仲为车正。"《宋书·礼志五》更进一步做了辨析："《世本》云：奚仲始作车。案庖牺画八卦而为大舆，服牛乘马以利天下，奚仲乃夏之车正，安得始造乎?《系本》（即《世本》）之言非也。"

这些说法实际上都源于《周易·系辞下》，书曰："黄帝、尧、舜垂衣裳而天下治……服牛乘马，引重致远以利天下。"所以唐人杨倞在注《荀子·解蔽篇》时写道，"奚仲，夏禹时车正。黄帝时已有车服，故谓之轩辕。此云奚仲者，亦改制耳"，只承认奚仲是车的革新者、改造者。

究竟是黄帝还是奚仲发明了车，以当时的智慧和生产条件把功劳归于任何一个人都是不妥当的，车在当时是一种较复杂的机械，从构思、设计到制造出来，绝不可能在短期内由某个人完成，中间一定会有很多人参与这项创造活动，而黄帝或奚仲在其中可能发挥了比较重要的作用。但无论如何，中国最迟在夏禹时期（距今四千多年）已有马车，这是文献记载所持的一致观点。

可是，考古实物比文献记载的年代要晚五个多世纪。1935年至1936年，在安阳殷墟的大规模发掘中，曾发现过六座车马坑，出土了一大批车马器，首次肯定了商代双轮马车的存在。但当时的考古学者还没有掌握从墓坑填土中清理出木车腐朽后残留痕迹的技术，所以遗迹都未能保存下来，只留下一些不很完整的图文数据。

以这些资料为依据，又参照20世纪50年代在安阳大司空村发掘出的车马坑数据，中国台湾学者石璋如先生画出了两辆商车的复原图（图1-3、图1-4），发表在《大陆杂志》及李济先生的《安阳殷墟》和张光直先生的《中国古代的考古学》中，这是根据实物遗迹对古车复原的最早探索，虽然用现在的资料进行比较，图中的错误比较明显，但毕竟是一次重要的尝试，比清代经学家戴震的《考工记图》中的古车形制推想图（图1-5）要前进了一大步。

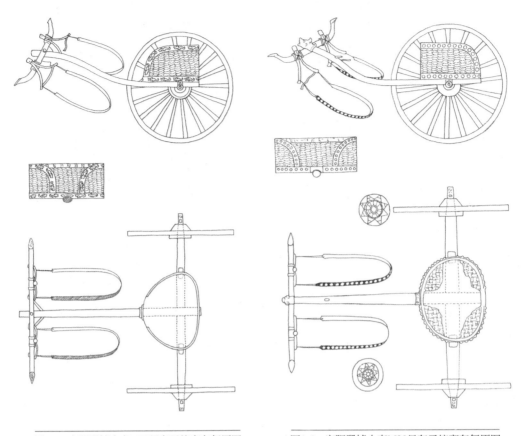

图1-3　安阳殷墟小屯M40号车马坑商车复原图　　　　图1-4　安阳殷墟小屯M20号车马坑商车复原图

图1-5　清代经学家戴震的《考工记图》中的古车
形制推想图

　中国古代车舆马具

贰·先秦时期的独辀车

世界各地最早出现的车都是独辀车，这已经由一系列中、外考古发现所证实。

辀在《说文解字》中解释为"辕也"，既然已先称辀，何必又再称辕呢？对此《辞海》引朱骏声《说文通训定声·孚部》中的说法做进一步解释："按，大车左右两木直而平者谓之辕，小车居中一木曲而上者谓之辀，故亦曰轩辕，谓其穹隆而高也。"

朱骏声是清道光时人，他在写书时可能还不知道东汉的一些大马车，双辕比独辀还要"穹隆而高"。所以孙机先生在《中国古独辀马车的结构》一文中作了新的定义："马车称辀，牛车称辕；单根称辀，两根虽装在马车上亦多称辕。"[1]

总之，这是作用相同的部件的两种不同称呼，本书以后涉及这一问题时就采用孙机先生的定义。

中国古代崇尚厚葬，远在石器时代已形成在墓穴中随葬劳动工具、装饰品、陶器、家畜和粮食等生产生活用品的风俗。商代以后，奴隶主贵族出于强化王权的政治需要，在所谓"厚资多藏，器用如生人"的思想支配下，不仅随葬大批昂贵的青铜器，还普遍以大量奴隶、牲畜为殉葬品，有商一代是我国历史上第一个厚葬高峰期。西周时期厚葬之风依然如故，虽然青铜器、奴隶等殉葬品的数量有所减少；战国时期更以木俑、陶俑替代奴隶，以陶器取代部分青铜器，然而一些王侯之墓仍然使用数目惊人的动物、珍稀工艺品和纺织品作陪葬，靡费之风在社会上层依旧盛行。

我们今天研究古代车舆马具的第一手资料主要来源于发掘出的车马坑。车马坑是帝王陵墓的随葬墓，埋的是帝王生前使用的车与拉车的马，商周时期还经常一同埋葬驾驭马车的奴隶。这种墓大都没有墓室和棺木，一般只在坑底和坑面上用草席铺、盖后直接填土，随葬的人和马大都是被处死后下葬的，入土时依照生前所处的位置在车旁安放好，所以数千年后的今天重见天日时，我们仍可以根据遗骨、腐朽物的痕迹和金属物品来分辨、判断出车的结构与它们之间的相互关系。

自20世纪30年代初发掘了六座商代车马坑以后，由于抗日战争爆发，进一步的探查工作只能中止。

从1953年开始，在攻克了车马坑发掘的剥剔技术难关的基础上，六十多年来陆续于河南安阳等地发掘出商代车马坑二十几座，在北京琉璃河等地发掘出西周车马坑近20座，在山西太原等地发掘出春秋战国的车马坑十几座，近年来仍不断有新的发现。这些车马坑中除一部分由于被盗掘或其他因素的破坏，留存的遗迹遗物少而凌乱外，大都保存得十分完整。现在，有的经过处理已整体搬迁至室内收藏保护，有的就地建博物馆供游人参观。成功发掘的车马坑遗迹和出土的实物，十分完整地向我们展示了先秦时期独辀车的面貌。

商代车的发掘与复原

中国近代田野考古史上发掘的第一座车马坑是1935年春在河南安阳殷墟王陵区东区七组"小墓"（应为祭祀坑）之南发现的，编号为1136—1137。第二年在安阳殷墟小屯东北地宫殿区C区乙七墓址之南又发现了五座车马坑，编号为M20、M40、M45、M202、M204。

这五座车马坑有四座受到隋代墓葬的破坏、扰乱，仅存少量的马饰与马骨，唯有M20号车马坑保存尚属完整（图2-1）。坑内埋有一车四马三人，在车厢内外出土了三组武器、工具和马具。木车的遗迹限于当时的发掘条件和技术水平没有能够清理出来（包括1935年的一座），只留下一些现场的文字记录，从几座墓中出土的车马上的青铜器物可以看出，有的车装饰得很华丽（图2-2）。

新中国成立后，1953年在安阳大司空村发现了一座车马坑（编号M175），并成功地剥剔出车的木构残迹，可惜车舆的上部、车衡和车辀的大部分因覆盖土层的堆压、破坏而未能清理出来（辀、衡的位置是根据遗存的铜饰件推测出来的），所以尚不完整（图2-3）。

图2-1　安阳殷墟小屯M20号车马坑平面图

（1）车軎

（2）踵饰

图2-2　安阳殷墟小屯M20号车马坑
　　　　出土的青铜车马器

图2-3　河南安阳大司空村
M175号车马坑平面图

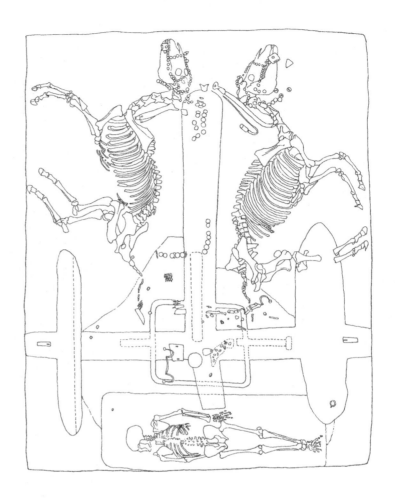

　　六年后，在孝民屯南地同时发现两座车马坑，编号M1、M2。M1号车的情况同M175号车基本相同，车舆的上部、后半部和右侧半个车轮都遭破坏，也没能清理出来（参见图2-4（1）—（2））。M2号车情况更差，只剩右侧的车轮和半个车舆，其余都遭唐代墓葬的破坏，遗迹无存。

　　从1969年至1977年，在安阳殷墟西区又先后发掘出四座车马坑，编号M43、M93、M151、M698（图2-5），这四座车马坑都遭到严重破坏，遗迹支离破碎。

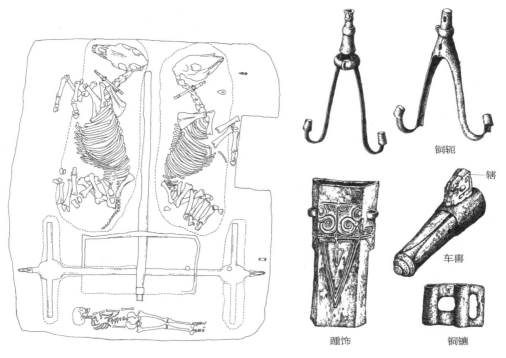

铜轭

辖

车軎

踵饰

铜镳

（1）河南安阳殷墟孝民屯M1号车马坑平面图　　　　　（2）安阳殷墟M1号车马坑出土的车马器

图2-4

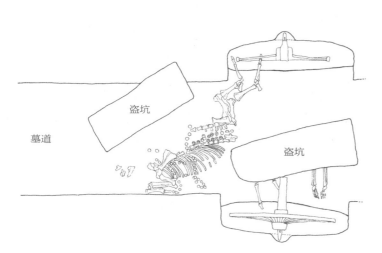

墓道

盗坑

盗坑

图2-5　河南安阳殷墟西区
M698号车马坑平面图

1972年在安阳殷墟孝民屯南地发掘的编号为M7的车马坑，坑内埋了一车二马一人，马在车辀的两侧，马顺同一方向而卧，人压在车舆后部两轮之间。木车的车厢由底板、立柱和横杆组成，车轴由于泥土堆压已成直木，车衡也是圆径直木，所有车上的铜饰物和马具都处于原位，没有遭受任何破坏，这辆车的出土总算使人们了解到商代车的整体面貌（图2-6）。[2]

继其后，1981年、1987年在安阳殷墟和郭家庄又十分完好地发掘出编号为M1613、M52的两座车马坑。M1613内埋了一车二马，M52内埋了一车二马一人，这两辆车都是大型车厢，全部遗迹不仅完整，而且很少变形。尤其是M52号车，车舆周围还留有大片漆皮，漆皮上还能分辨出彩绘纹饰，舆前的织物痕迹上还粘有牙饰件，为研究复原提供了宝贵的形象资料（参见图2-7（1）—（3））。 这两座车马坑都被安全地搬迁至室内并妥善

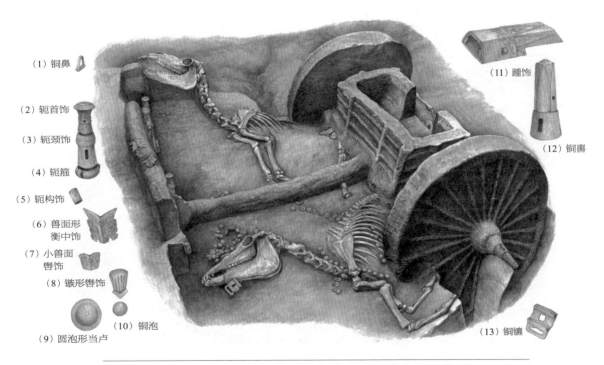

（1）铜鼻
（2）轭首饰
（3）轭颈饰
（4）轭箍
（5）轭构饰
（6）兽面形衡中饰
（7）小兽面镳饰
（8）镞形镳饰
（9）圆泡形当卢
（10）铜泡
（11）踵饰
（12）铜軎
（13）铜镳

图2-6　河南安阳殷墟孝民屯南地M7号车马坑发掘现场图及车马坑内的铜饰物（根据照片绘制）

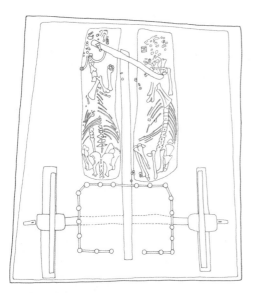

（1）河南安阳殷墟西区M1613号车马坑平面图

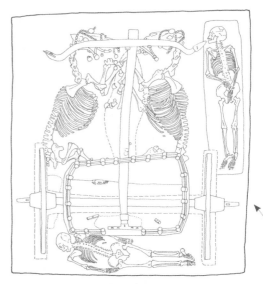

（2）河南安阳郭家庄西南M52号车马坑平面图

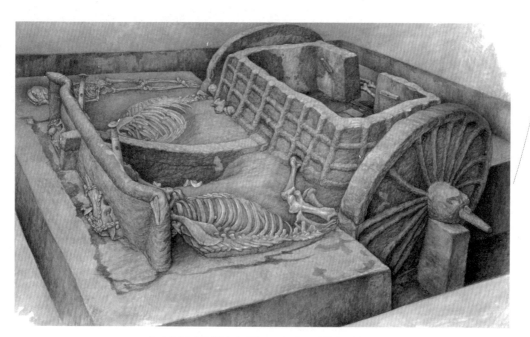

（3）河南安阳郭家庄西南M52号车马坑发掘现场图

图2-7

地保存下来。1986年在西安老牛坡发掘
出一座车马坑，编号为M27（图2-8）。

1995年在安阳梅园庄东南发掘出编
号为95铁西城建M40、M41车马坑。这
两座坑的保存情况都比较理想，其中一
座（图2-9）的材料改写了古车考古史上
的一个重要观点（下文将详细介绍）。[3]

1995年至1999年在山东滕州也发现
了五座车马坑，这是殷墟遗址之外发现
的少数几座商代车马坑。滕州的五座中
只有4号车马坑保存最好，这辆车的车厢
很特别，前部出现了用木柱和横杆做成

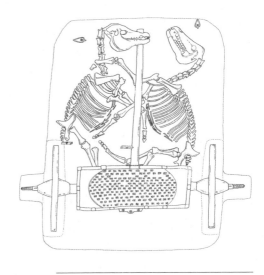

图2-8　陕西西安老牛坡M27号车马坑平面图

平面图

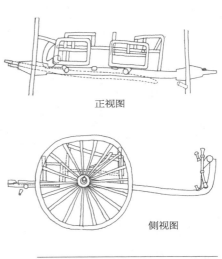

正视图

侧视图

图2-9　河南安阳梅园庄东南95铁西城建
M40号车马坑平面图与车的正、侧视图

的隔栅（图2-10）。[4]

2003年在山西浮山桥北村附近发掘了商周、春秋时期墓葬31座，其中M1号是大型商墓，在距离墓道南端6.3米处发现一辆殉车、驾二马，并有一殉人。这辆车的车厢前部平面呈椭圆形，在车厢围栏底部有大铜泡40件，与1935年的发掘材料所做的复原图颇为相似（图2-11）。[5]

2005年在安阳殷墟又发掘出七座车马坑，编号为2005AGM1—M7，其中M4、M5出土的马具络饰很有特色，尤其M5的由蚌片串联而成，精巧美观的络饰在商代众多马饰中难得一见（图2-12）。[6]

上述是已公开发表的商代车马坑的主要发掘资料。

归纳比较商代车的数据，根据车厢的面积可以把车分为小型车和大型车两种。这两种车厢基本上都是长方形的，

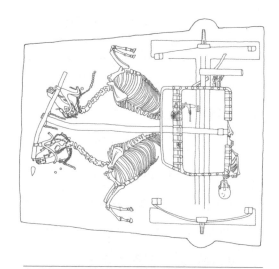

图2-10　山东滕州前掌大商周墓地4号车马坑平面图

图2-11　山西浮山桥北村附近商周墓地M1墓道内的车马及殉人

左右宽、前后进深浅，只有少数除外，但也是在长方形的基础上稍有变化而已，而山西桥北村的椭圆形车厢乃是目前为止仅见的少数个例。

车厢在古时候称作"舆"，舆多用四根方木做成底架，这四根木称作"轸"。

文献对轸有多种解释，《考工记·总序》曰："车轸四尺。"郑玄注："轸，舆后横木也。"戴震《考工记图》曰："舆下四面材合而收舆谓之轸，亦谓之收，独以为舆后横者，失其传也。"本书从戴震说。

在轸木之下横向装轴，竖向装辀，辀轴交叉点基本上是舆的中心点。在舆底框位于辀两侧与辀平行处，有时还另装两根梁木，特别是大型车厢。这种梁木称作"桄"，段玉裁《说文解字注·车部》曰："桄，充也……桄之字，古多假横为之……横即桄字……今车床及梯槔下横木皆是也。"在桄、轸木的

图2-12 河南安阳殷墟商代大墓2005AGM1—M5号车马坑

上面铺设厢板，又称"阴板"，称阴板是因为板上还要再铺上坐席和丝织品、锦缎等制成的"茵"（茵为垫子、褥子、毯子的通称），从表面上看不见厢板。后来，为了乘坐舒适，舆底不再铺设硬木板，改用皮条编织成的网绷在四周的轸木上，如同现代的绷床，以减轻车在疾驰时因颠簸、磕碰而造成的不适，如西安老牛坡M27号车就是这种舆底（参见图2-8）。

过去学术界认为用皮革、藤等有弹性的材料编织舆底是在春秋战国以后，老牛坡的材料则表明出现在商代。

车舆的四面装有围栏，古时称"轮"，商代的车轮为干栏式，由车厢四角的立柱和"輢"（角柱之间的立柱）做支点，横向以一至三层被称作"轵"的木条联结组成，立柱一般高出轵之上，也有最上层的轵是安于立柱之上的（图2-13）。

除了干栏式车轮外，还有用整块木板封死的封闭式围栏，安阳孝民屯南地M2号车就是这样的车厢（图2-14），高度40～50厘米，这一高度用于坐乘尚属合理，因为汉代之前

图2-13　河南安阳小屯殷陵博物馆内的商代车马坑（这两辆车的发掘报告未见发表，详细情况不明，车舆尺寸没有列入统计表内）

习惯踞坐，双膝跪地时抬手握车辆正好就在这一高度，但立乘时就显得偏低（作战一定要立乘），有时双膝尚不能抵住最上层的车轵，人在处于完全没有依靠的状态下乘车想来不是一件轻松愉快的事。

车辆左右两侧古时称为"輢"，即可以倚靠之意，后部中间留有缺口是为车门，又称"輇"，以便人上下车。《说文解字》曰："輇，軺车后登也。"商周时车门比较窄，一般为车厢宽度的1/3左右，车门两侧的立柱上有时装有青铜柱饰，供上、下车把扶之用。

车辆的前面部分称"轼"，《释名》云："轼，式也，所伏以式所敬者也。"后来有的车在离舆前轼一尺左右的地方另装一根横轼，把这根横轼专称"轼"，它一般要比周围车辆高出一截。对于这种轼，以前学术界一直认为是西周时才出现的，甚至1959年在孝民屯南地发掘的M2号车马坑也没有引起关注。然而，M2号车马坑虽遭严重破坏，保留下来的右半个车舆却是完整的，可以清楚看出，车辆是用木板封死的，在距离前轼约20厘米处，有一根横出两侧椅板20厘米的横杆，这根横杆应该是车轼的雏形，而商代青铜器铭

图2-14　河南安阳孝民屯南地M2号车残迹

文"车"字中也有这种迹象，"买车觚"铭文"车"字在轮轴线之前就多出一根横线（图2-15），当然，这根横线也可视为山东滕州前掌大4号车马坑车厢中的隔栅（参见图2-10）。《考古》杂志1998年第10期发表的一篇《河南安阳梅园庄东南的殷代车马坑》发掘报告，彻底澄清了所有疑问，在M40号车马坑里剥剔出一辆有比前车轵高出7厘米、相距13厘米的车轼的车，它的安装方法完全可以看出与西周车的承继关系（参见图2-8）。

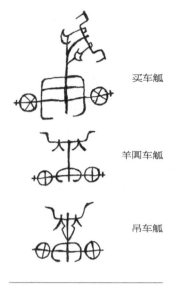

买车觚

羊圊车觚

吊车觚

图2-15　商代青铜器铭文"车"字

为什么要另装车轼呢？我们可以考察其实际功用。

古时乘车有坐有立，作为驭手，立乘御车时双手要执辔（参见后文驾驭方法），无法空出手去扶轼，当车速较快、发生颠簸时，为了保持身体平衡除了叉开双脚外，还要用膝盖顶住前轵横木，如果上下横木是处于同一垂直线上时，就会发生脚尖踩空、双足滑出厢板之外的危险，若要避免这种危险，就必须弯膝下蹲，而人长时间处于蹲伏状态很快会感到疲劳，如果在离开前轵一定距离处另装一根轼，就能保证腿既有凭依又能伸直，脚也就有足够的站立空间，一旦车厢前部需要封闭，也不会使立乘者身体前倾，站立不稳。

车轼虽然在商周就有了，但普遍都很低矮，总让人感觉重心不对，春秋以后，车轼才逐渐上升到达人腰部的合理高度。

在车舆底部轸木下安装有辀、轴，辀在上，轴在下，铆合的方法是在辀的底面和轴的表面各挖一凹槽，然后交叉嵌入。

辀有时在舆后毂的中间伸出一小段，称"踵"，踵是供人上下车踩踏用的，因为经常

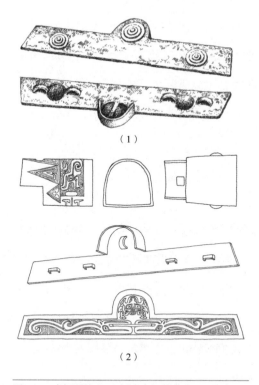

图2-16 青铜踵饰（1）河南安阳郭家庄M52号车马坑出土 （2）陕西西安老牛坡M27号车马坑出土

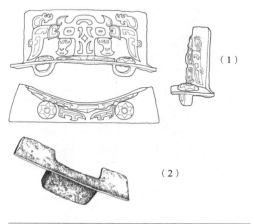

图2-17 青铜軨饰（1）河南安阳小屯出土 （2）陕西西安老牛坡出土

踩踏很容易把木踵表面磨损，将油漆磨掉，所以有的车在踵上套有青铜踵饰，既使不伸出舆外的踵有时也装踵饰（参见图2-4、图2-7）。踵饰有的分成两件，一件套在辀尾轸木内侧，另一件缚装在轸木外表，突出的半圆形环套正好罩住木踵，安阳郭家庄M52号车马坑出土的踵饰就是这种样式，而西安老牛坡M27号车马坑出土的则只有捆于轸木外表的一件（图2-16）。

辀刚伸出舆前的一段是平直的，这一段称"軓"。戴震《考工记图》曰："车旁曰輢，式前曰軓，皆撊舆版也。軓以撊式前，故汉人亦呼曰撊軓。"軓有时也装铜饰，如西安老牛坡和20世纪30年代在安阳小屯出土的车器中就有軓饰（图2-17）。辀从軓部向前逐渐向上昂起，到达一定高度后有的辀首保持原状，有的重又弯成水平状态，如安阳郭家庄M52号车的辀就是这样。车辀弯曲度越大，弯曲处越多，强度就越降低。但古车是用轭架在马颈上驾车的（轭，即套在牲口脖子上的曲木），轭捆在衡上（衡，即横木，以将轭驾在马颈上），衡又捆在辀上。为了保持车厢的水平状态，辀首必须高出马背。如果辀是直的，车的底架就要抬高，车轮就要做得很大，车架高、车轮大，重心就高，行车时特别是上下坡时很容易发生危险。所以在不能为了抬高车架而加大车轮的情况下，只好让车辀向上弯曲，这一缺陷可能也是造成车厢横向发展，重心尽量保持在车轴上的重要原因。

辀的端头装有青铜辕饰，辕饰在周代很盛行，商代似乎还不普及，目前发现的只有安阳小屯M20号车装有辕饰（图2-18）。

辀颈处是装衡的地方，从出土的商车看衡的长度并没有一定的标准，以圆径直木为主，也有两头上翘的曲衡，曲衡又称"错衡"（错在古文中有邪行逆上之义），在青铜器铭文"车"字中，就有很多表现两头弯的牛角形衡的形象（参见图2-18）。衡上还装有铜饰，直衡只有一种兽头形饰，两枚分别装在辕两侧至轭之间，曲衡上除了这两枚兽头饰外，在两头还各装有一个三角形衡饰，早年有些发掘报告常把它错定为马饰中的当卢，自郭家庄M52号车出土后才发现原来是衡饰（图2-19）。

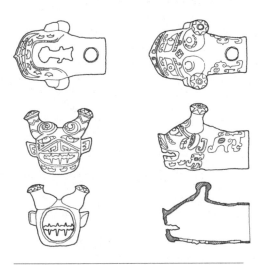

图2-18　青铜辕饰（河南安阳小屯M20号车马坑出土）

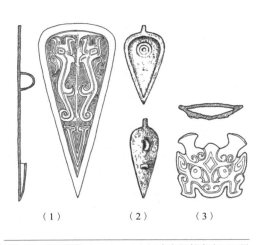

（1）　　　　（2）　　　　（3）

图2-19　青铜衡饰（（1）、（3）河南安阳郭家庄M52号车马坑出土　（2）陕西西安老牛坡M27号车马坑出土）

双轭装在衡上，以辀为中心，分别固定在左、右两段的中部，轭肢的形状像"人"字。商代的轭多以青铜铸成外套，内中则用圆木充填以增加强度。

轭肢两头向上弯卷处称作"軥"。軥上套着绳索用来将轭固定在马颈上。两条轭肢的汇合处称"轭颈"，轭颈外套有青铜的轭箍，其上连接青铜轭首。若轭肢全部用木料做成，轭軥处也套有铜軥饰（图2-20）。

车轴是车舆的关键部件，是承受车载重量的所在，一般以圆木制成，中间粗，两头略细。在收细的一段处安装车毂，在毂穿进车轴后，为了不使毂掉落，伸出的轴末要安装青铜车軎。

车軎形如套筒，面向毂一侧略粗，上下对穿开有长方形孔，向外一侧略细，顶端封闭，軎身（在方形孔前）一般雕有花纹。軎套入轴末后，从方形孔处向下贯通车轴，便于插入辖，使之固定。辖形如木楔，辖首在上，较粗大，一般做成兽首状，辖身向下，伸出孔外部分有穿，用以贯销，使辖不会因振动而弹出。商代的軎多用青铜制成，但辖却常是木制的，比较考究的则在木辖首外套一青铜辖首饰（参见图2-2、图2-4、图2-6）。

毂是全车最重要的零部件，外形像削去尖头的枣核，中空，面向舆一侧略粗于外侧，孔径也稍大一些，以与轴相配合，孔径大处称"贤端"，孔径小处称"轵端"。毂上凿有

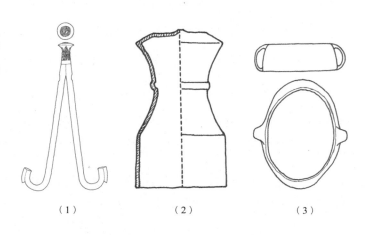

图2-20 （1）连体铜轭（河南安阳郭家庄M52号车马坑出土）（2）铜轭首 （3）铜轭箍（河南安阳殷墟西区出土）

（1）　　　　　　　　（2）　　　　　　　　（3）

榫眼，用以装辐条。

辐条的两端是榫头，装入毂内的一头名"菑"，另一头名"蚤"。商代车轮的辐条一般在18至22根之间，最多的达26根。从外表上看，辐是上粗下细的圆木，实际上，截面尺寸基本相等。因为菑头的正面细、侧面宽，而蚤头的侧面细、正面宽，这种结构的好处在于，当菑头装入车毂时，不会因毂的圆周小，排列密度过高而装不下，也不会造成蚤头装入轮圈后，因轮的圆周大而显得过于稀疏，整个设计颇具科学性。

据文献记载，车轮是用几根木条经火烤后鞣成弧形拼接而成的。在已出土的战国车车轮上多次发现有用两根木条拼合的痕迹，但在商代车的发掘过程中至今还没有看到这种现象。古时称圆形的轮圈为"轮牙"，又名"辋"，《释名·释车》曰："辋，网也，网罗固轮之外也"，《考工记·轮人》："牙也者，以为固抱也。"通常把轮牙着地的一面做成凸鼓形，这样可以减少轮与地面的接触，雨天行驶时又不会沾起太多的泥水，还可以降低磨损率，延长车轮的使用寿命。

为了更直观地了解商代车的结构面貌，笔者选择数据比较齐全的三辆车，按比例画出复原图图2-21、图2-22、图2-23，以供参考。

在这三辆车中，M7号车年代较早，M52、M40号车都属商代晚期车，如果再仔细研究一下前面介绍的各辆车的发掘资料就能得出这样一个结论：

商代的车从一出现就显得比较成熟，车的整体结构和主要构件在今后的发展过程中再也没有发生实质性的变化，似乎缺乏一个明显的从原始发明到逐渐完善的过程。而且商代的早期车型与亚美尼亚鲁查森11号墓出土的双轮车极为相似（参见图1-2），鲁查森11号墓的年代要比商代早约半个世纪，这就引发了西方学者的中国古车外来说。然而中国文字记载古车出现的年代在时间上与乌尔王陵、亚美尼亚出土的车年代相当，虽说实物比史料更具说服力，但考古的新发现会不断出现，究竟如何，我们还是等待将来更能证明事实尺证据出现吧，目前，我们不妨正视外来说的现实。

发掘现场图　　　　　图2-21　河南安阳孝民屯出土M7号车复原图

图2-22 河南安阳郭家庄出土M52号车复原图（图中牙饰片的排列
为作者随意推测，并没有依据。根据发掘报告，车舆前部应设有可
坐的木板，由于痕迹不清，很难确定设置的方法，故复原时省略）

发掘现场图

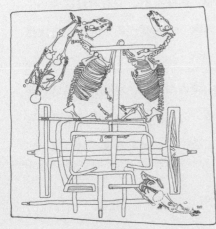

发掘现场平面图　　　　　　　　图2-23　河南安阳梅园庄东南95铁西城建M40号车复原图

西周车的发掘与复原

西周车马坑的分布地域要比商代广，至今所发现的数量也比商代多，车马坑的规模、出土的车辆数目都要超过商代。西周车马坑一坑内往往同时埋数辆车，在埋葬方式上也有所改变，有的坑内车与马分开放置，有的将车拆散成零件投入坑内，这种葬法给考古发掘工作和复原都带来了困难。

西周车马坑的发掘也开始于20世纪30年代。1932年在河南浚县辛村发现了大批的西周墓葬，其中有两座大型车马坑，编号为3号和25号。据当时的发掘工作主持人、考古学家郭宝钧先生所著的《浚县辛村》一书介绍，3号车马坑规模很大，马和犬是活埋的，出土时垂死挣扎、相互践踏的迹象十分明显；车是拆成零件投入坑内的，一对相同的部件所处的位置往往距离很远，出土时遗骨与木车痕迹十分凌乱，车的形制已无从探究，但出土的大量青铜车马器与饰件都十分精致。25号车马坑规模较小，因遭到严重盗掘，原先的面目已不可辨，从坑的面积和马骨的数量推测至少有七八辆车，而结果只出土了几组车马器（图2-24）。[7]

1952年在洛阳东郊下瑶村发现一座亦遭盗掘的西周墓，编号151。此墓内棺木毁坏、人骨散乱，随葬物品被搜括殆尽，只在轮痕间出土了一些铜车器（图2-25）。[8]

1955年在陕西长安县的张家坡探查出七座车马坑，发掘了其中的四座（编号167、168、185、192），而后两座已遭到盗掘，车的痕迹已被破坏。168号车马坑（图2-26）虽然车舆因堆土坍塌被压扁变形，车辕部分和半个车轮的痕迹模糊不清，但对研究西周的车制仍很有参考价值，特别是该坑未遭扰乱、保持原位的马饰，对研究西周车的驾驭方法是不可多得的比照材料。[9]

1967年在原来发掘的现场附近再一次进行了大规模的探查与清理，发掘出车马坑五座（编号35、45、55、65、95），五座中只有35号尚属完整，但是在开始发掘时不慎被当作普通墓葬处理，结果把舆的上部挖去，只留下车舆的平面痕迹，各部青铜饰件和马头上的

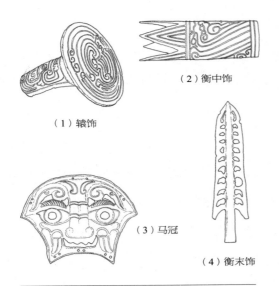

（2）衡中饰

（1）辕饰

（3）马冠

（4）衡末饰

图2-24　河南浚县辛村西周车马坑出土的青铜车马器

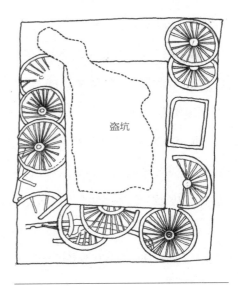

图2-25　河南洛阳东郊下瑶村151号墓车痕平面图

图2-26　陕西长安张家坡168号车马坑平面图

青铜辔饰均在原位，车厢内只出土了一把铜戈（图2-27）。[10]

20世纪70年代是西周车马坑发掘的丰收年代。1972年在北京郊区的琉璃河古文化遗址上探查出西周燕国墓区，1973年开始发掘，至1977年共发掘车马坑五座（编号ⅡM202CH、ⅡM253、ⅠM52CH₁、ⅠM52CH₂、ⅠM53CH）。

ⅡM202CH号是一座大型车马坑，因遭盗掘，坑中间部位的遗迹被破坏，其余基本完整。坑内共埋马42匹，车大部分拆散成零部件埋入，车轮平放在坑底和马上，车轴与辀亦拆开单独放置，但各部件上的铜饰大都没有拆除。较完整的车舆只有两辆，分别置于坑的两角，在上层还发现六个车伞盖，其中1号车伞盖的痕迹最清晰，这是商周车马坑中最早发现伞盖的一座，车舆用伞盖始于西周也从此得以证实（图2-28）。

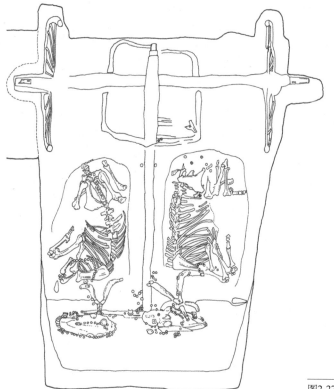

图2-27　陕西长安张家坡35号车马坑平面图

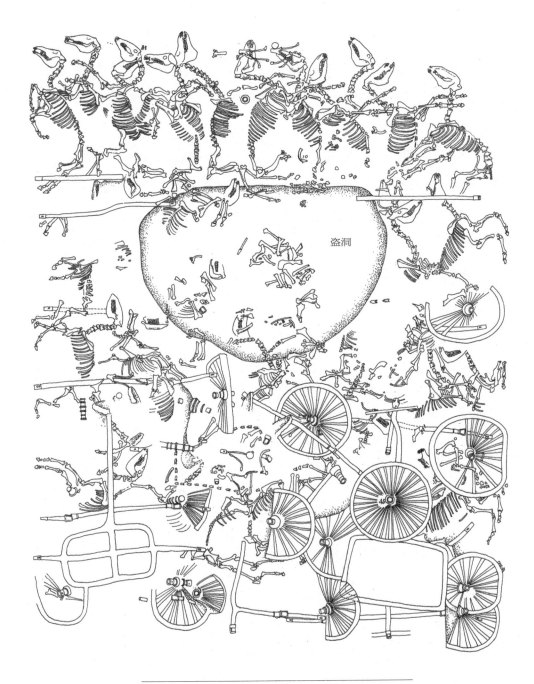

盗洞

图2-28　北京琉璃河西周燕国墓地Ⅱ M202CH号车马坑平面图

ⅠM52CH₁号是座小型车马坑，这座车马坑因距地面很浅，在发掘前已遭破坏，车舆的上部和前半个舆底连同辀、衡等的遗迹均已不存，只留下两个车轮的下半部及后半个舆底的痕迹。所幸的是轴上的铜饰件、马头骨周围的青铜辔饰等尚在，位置亦没有混乱（图2-29）。

ⅠM52CH₂号情况更差，此坑由于汉墓扰乱，只剩两个车轮下半部的痕迹。

ⅠM53CH和ⅡM253号是两个不完整的车马坑：前者坑内以殉马为主，车马器主要有马辔饰件和铜銮、铜軎、辖等，没有发现木车痕迹；后者只残留下车轮的痕迹与部分车饰。

1981年中科院考古研究所再次对琉璃河墓地进行有计划的发掘，又清理出墓葬121座，车马坑21座。其中以1100号车马坑最大，埋葬的车马数量也最多，车除了车轮被拆下放置于坑的两边，其余都未卸下，但是车上的大部分青铜饰件都被拆除了，尤以3、4、5

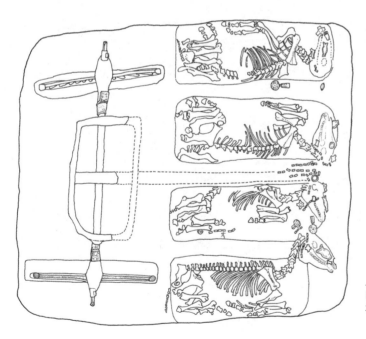

图2-29　北京琉璃河西周燕国墓地ⅠM52CH₁号车马坑平面图

号车最为完整，4号车车衡上的铜饰也都处于原位，3号车车厢上的土层中，还清理出与Ⅱ M202CH车马坑中一样的车伞盖的遗迹（图2-30）。[11]

在发现琉璃河西周燕国墓地的同时，陕西宝鸡市郊的茹家庄、竹园沟、纸坊头地区也发现了西周夨国墓地，经过勘探，1974年开始分三批发掘，其中有两座车马坑（编号BRCH₁、BRCH₃），全部在茹家庄墓区。

BRCH₁号马骨交叉叠压，布局很混乱。这座车马坑是农民在平整土地时发现的，当考古工作者前往清理时，大部分车器已被取出，现有的出土平面图是根据原位残存的车饰及已取出的车饰锈痕分析绘制的，故只能作为参考（图2-31）。

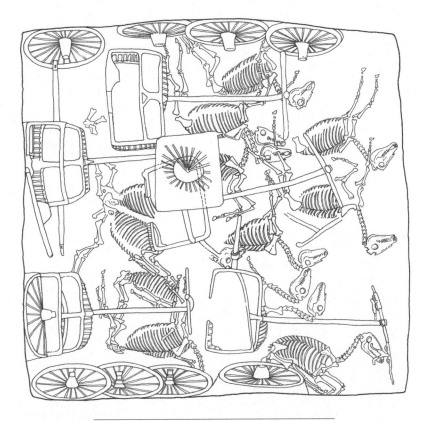

图2-30　北京琉璃河西周燕国墓地1100号车马坑平面图

BRCH₃号保存完好，坑内埋有三辆车，三辆车都堆放在马尸上面，按顺序是先放入中间的2号车，再放入前后的1号车、3号车，三辆车中木质遗迹保留最好的是1号车，出土时车舆的各部分基本未变形，车的铜饰件也都处于原位（除了车軎、车辖）。经精心剥剔，全部结构都被清理出来。据已公布的材料，这是迄今为止发掘出的西周车中最为完整的一辆，也是探讨西周车制的重要参考材料（图2-32）。

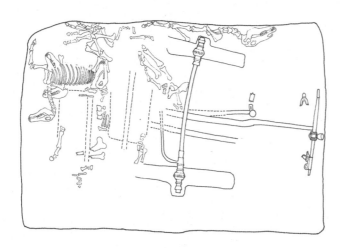

图2-31　陕西宝鸡茹家庄BRCH₁号车马坑平面图

图2-32　陕西宝鸡茹家庄BRCH₃号车马坑平面图

在这两座车马坑和其余的弦国墓葬中还出土了一大批车马器，很多都是其他地区所罕见的，具有明显的地域文化特征。[13]

从20世纪70年代中期至80年代中期的十年间，其他地区也陆续发掘出一些车马坑，但都遭到不同程度的破坏、盗掘。

1976年在山东胶县西庵发掘出一座车马坑，人骨压在车的下面，车舆的上部被盗墓者破坏，所以车舆的形制无法复原，但车内的青铜兵器、饰件和马的辔饰都保存完好，从车厢内有大量兵器与青铜胸甲来判断这可能是辆战车（图2-33）。

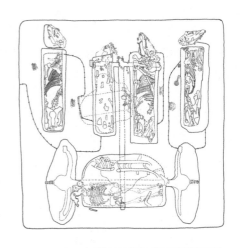

图2-33　山东胶县西庵西周车马坑平面图

1985年在洛阳老城的中州路北侧也清理出四座车马坑，编号为1、2、3、4，1号车马坑因受压变形车舆仅存下部，在东西两侧有立柱痕迹，车轮仅存西侧半个，马骨周围的痕迹与铜车马器未被扰乱，保存较完整（图2-34）。4号车马坑的情况较1号要好，但舆上部与西侧轮迹亦遭到晚期墓葬的破坏，车衡、

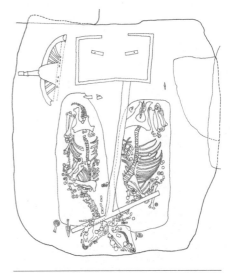

图2-34　河南洛阳老城中州路1号车马坑平面图

辋、舆底轸木、部分立柱以及大部分车饰、马辔饰都还处于原位，这辆车与胶县的一辆在西周马具与车制方面具有一定的参考价值（图2-35）。另外两座和1984年在陕西长安县普渡村发现的两座都遭受比较严重的破坏，残留的痕迹也很不完整，出土的车饰、马饰等都已有移位的现象，显得很零乱，故都不能起到参考、研究的作用（图2-36）。[14]

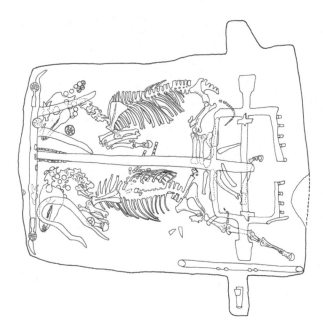

图2-35　河南洛阳老城中州路4号车马坑平面图

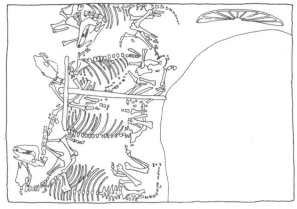

图2-36　陕西长安县普渡村M27号车马坑平面图

1993年在洛阳市林业学校综合楼的基建中还清理出一座车马坑，命运与上几座也大致相同（图2-37）。

所以，出土西周车的车马坑数量虽然很多，但保存情况明显要比商代差，这对西周车的复原和研究是不利的。

西周车在整体上沿袭了商代的制度，这是考察了较完整的发掘材料后得出的结论。车厢仍以横长方形为主，但尺寸上明显要比商代大，车厢前部出现了圆形拐角，平面呈与山西桥北村出土的商车相近似的椭圆形，张家坡的车厢平面则呈梯形。

西周车比较明显的变化是在舆前部普遍出现了另装的车轼，车轼的安装、固定、支撑的方法在茹家庄BRCH₃号车马坑1号车上看得最清楚（参见图2-48），其高度也比车軨要高很多。同时车軨的内侧还装有供人扶持的立柱，这说明在车的设计上已考虑到人在立乘时的舒适方便问题，比商代的车前进了一步。

西周车最突出的变化是车上的青铜零件明显增多，制作也更为精美。首先，在车厢

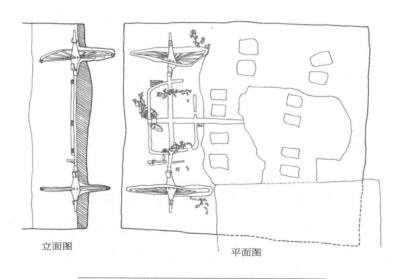

立面图　　　　　　　　　平面图

图2-37　河南洛阳市林业学校西周车马坑平面、立面图

上，茹家庄BRCH₁号车马坑出土了一组青铜轸饰，是安装在舆底框四周轸木上的，这种轸饰在安阳小屯也出土过，但后者是单片型的，而前者则组成一个直角方盘，正好包裹在轸木外（图2-38）；其次，是对车毂的加固。

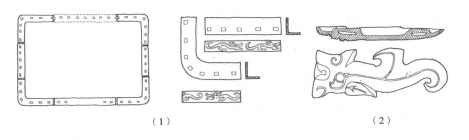

（1）　　　　　　　　　　　　　　　　（2）

图2-38　（1）陕西宝鸡茹家庄BRCH₁号车马坑出土的青铜轸饰　（2）河南安阳殷墟小屯出土的商代轸饰

古代的车为了保持行车平稳，防止疾驰转弯时翻车，总是把车毂做得很长，西周的车毂最长达50厘米，古时称作"畅毂"，毂越长支撑面就越大，然而也越容易因扭压而开裂，所以要用金属构件来加固它，这些加固件有帽、钏、轵。

帽，段玉裁《说文解字·车部》曰："毂孔之外，以金表为之。"通俗地讲，即套在车毂贤、轵端的金属包件称为"帽"。

钏，《说文解字·车部》曰："车约钏也。"段玉裁注："依许（慎）意，盖谓辖、帽、軡等皆有物缠束之，谓之约钏。"像铜箍一样套在两帽之内、车毂外表的为钏。

軹，是车毂中段安装辐条的所在，属车毂的关键部位，用以加固的铜车軹多由两半对合而成，也有浑为一体的，这三种加固件从中间、两侧和两端把车毂紧紧箍牢围裹起来（图2-39）。从外表加固车毂的方法在西周十分流行，春秋以降便逐渐弃置不用了。

西周车上还出现了一种十分重要的部件——軬。《说文解字·车部》曰："軬，车伏兔也。"伏兔又称为"屐""輹"，《释名·释车》："屐，似人屐也……又曰輹。輹，伏也，伏于轴上也。"这是两块置于轴上、垫在左右车轸下的小枕木。在已发掘的商代车

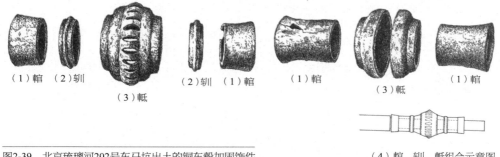

（1）帽　（2）钏

（3）軝

（2）钏　（1）帽

（1）帽

（3）軝

（1）帽

（4）帽、钏、軝组合示意图

图2-39　北京琉璃河202号车马坑出土的铜车毂加固饰件

上，至今还没有发现这一部件的遗迹。

上文在介绍商车构造时提到，车辀是置于车轴上的，车厢又置于车辀上，辀在舆的中间，因此，两侧轸木与轴间有空隙，车厢就难以搁平。如果要将车舆放平稳，不是在前后两根车轸上挖槽，就是在辀上挖槽，两种方法都可用，但都会削弱轸木或辀的强度，而一旦在车轴上垫上两块伏兔，就不必再在轸木或辀上挖槽，车厢的平稳问题也迎刃而解了。这一新发明虽然不起眼，但在车舆的稳固性能上却起到了很重要的作用。

最早发现伏兔痕迹的是在陕西长安张家坡168号车马坑出土的2号车上，以后从北京琉璃河52CH1号车马坑、陕西宝鸡茹家庄的两座车马坑的车上都有所发现（参见图2-26、图2-29、图2-32）。

西周车上的青铜饰件也比商代多，例如轴饰，商代车上很罕见，只有在安阳梅园庄M40号车马坑内发现一例，但那是两块平贴于车轴上的经过髹漆彩绘的木片（参见图2-8），而在西周车上却比比皆是，基本上都是青铜铸造的。

古车轴长，为了防止翻车而把两轮之间的轨距拉得很大，从平面上看，车轴的长度约等于车辀的长度，轮距宽而车厢小，车轮与车厢之间有很大的间距，最大间距要达50厘米，这样，就有一长段车轴要暴露在外面，行车时很容易遭受泥水的侵蚀，为了保护这段车轴，早期的方法是在轴外缠裹革带，髹漆后再加彩绘，如梅园庄M40号车那样。

因此西周铜器铭文中提到天子册赐车马器时常常出现"画辖""画轊"的字样，后来在此处用铜轴饰以替代木片、漆画。过去人们认为使用铜轴饰是从西周开始的，但1990年在山东滕州前掌大商代墓葬中出土了一件铜辖与铜轴饰，说明商代晚期已开始使用了（图2-40）。[15]

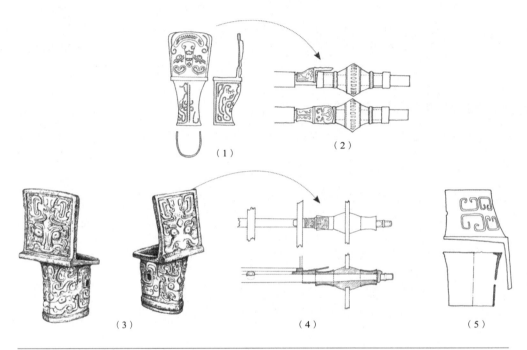

图2-40 （1）覆瓦式轴饰（陕西宝鸡茹家庄出土） （2）覆瓦式轴饰装配复原图 （3）套筒式轴饰（北京琉璃河出土） （4）套筒式轴饰装配复原图 （5）山东滕州出土商代的轴饰与铜辖饰

另一种在商车上很少见而在西周车上很普遍的饰件是装在车辀辕头上的辕饰。辕饰的制作、花纹都极精美，比较流行的式样为喇叭形，顶有圆当。也有形如商代的兽首状辕饰，宝鸡茹家庄车马坑还出土了多件正面为一怒目隆鼻、垂腮裂口、头上束冠的兽头，背面为一阔口大耳、宽鼻披发、身着襦裤、腰束宽带的小人形状的辕饰，整个造型十分别致、生动，为其他地区所未见。在长安张家坡墓地也出土过一批青铜辕饰，这些辕饰的造型都是兽头或兽面，长眉、巨眼、鼓腮张口，两侧有獠牙，面目狰狞凶恶。该墓地还出土了一件辀颈饰，是目前为止首次发现的唯一一件新车器。这件辀颈饰由两个半圆管合成，合缝处用一根三角形的脊条在底侧将两个半圆管锁住，再用铜钉固定在木辀上。从这件辀颈饰上可以准确了解西周车辀的曲度和直径尺寸，对复原西周车具有重要价值（图2-41）。[19]

车衡上的青铜饰件也比商代有所增加。在衡与辀交叉处出现了衡中饰，是一方形鼻纽，作用应当是便于捆缚车衡与车辀。衡末饰的式样也趋于多样化，最流行的为矛状衡末饰，在各地出土的西周车上都有发现。矛状衡末饰上有时还垂挂用贝、蚌串成的饰件，如长安张家坡的2号车上就是这样。其余的如北京琉璃河出土的以马首、鸟首、龙首为造型，附带有长长的弯管的，以及宝鸡茹家庄出土的直套筒式的衡末饰，这些衡饰与辀饰一样，都具有区域性特征。在衡末饰与衡中饰之间，商代原来安装兽面饰之处，西周经常以两头齿状的筒形衡饰取代，这对于加固车衡起到一定作用（图2-42）。

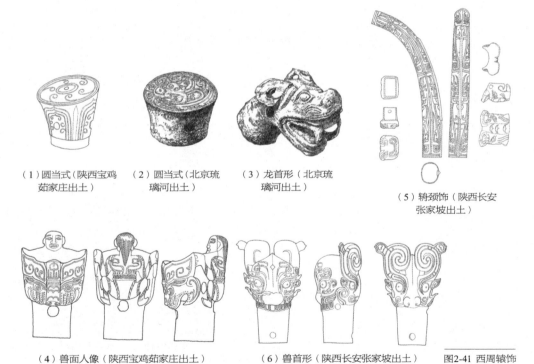

（1）圆当式（陕西宝鸡茹家庄出土）　　（2）圆当式（北京琉璃河出土）　　（3）龙首形（北京琉璃河出土）　　（5）辀颈饰（陕西长安张家坡出土）

（4）兽面人像（陕西宝鸡茹家庄出土）　　（6）兽首形（陕西长安张家坡出土）　　图2-41　西周辀饰

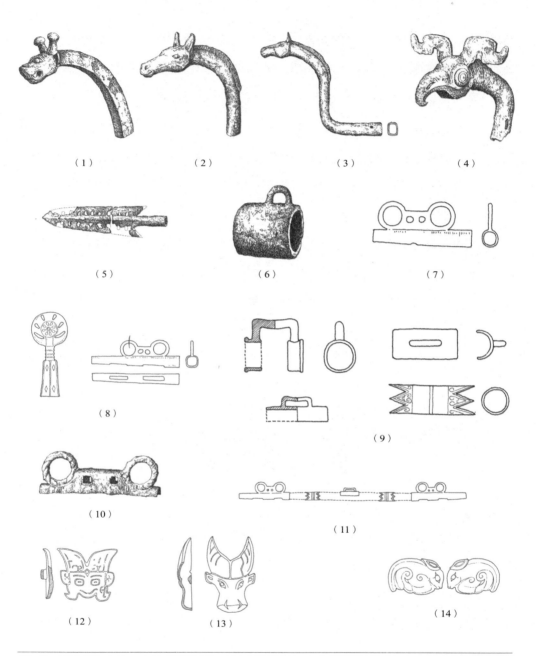

（1）　　　　　　（2）　　　　　　（3）　　　　　　（4）

（5）　　　　　　　　（6）　　　　　　　　（7）

（8）　　　　　　　　　　　　　　　　　（9）

（10）　　　　　　　　　　　（11）

（12）　　　　　（13）　　　　　　　　　　（14）

图2-42　西周衡饰　（1）—（4）兽首衡末饰　（5）矛状衡末饰　（6）筒形衡末饰（（1）—（6）均为北京琉璃河出土）（7）—（11）衡饰（（7）—（9）陕西宝鸡茹家庄出土　（10）北京琉璃河出土　（11）陕西宝鸡茹家庄出土衡饰复原图）（12）（13）牛头衡饰（陕西长安张家坡出土）（14）兔形衡饰（江苏丹徒出土）

衡上这时才开始使用纯粹是装饰的青铜饰件——銮。銮即"銮铃",亦称"鸾铃",崔豹《古今注·舆服》曰:"鸾口衔铃,故谓之銮铃,今或谓銮,或谓鸾,事一而义异也。"銮上部呈扁球形,中空,正面开有放射形孔,内含铜丸,行车时会因风吹震动而发出响声,下部为方銎,可以纳入木座,以便于固定在车衡或车轭上(图2-43)。銮在诸多文献中经常被提到,如《诗·大雅·韩奕》:"百两彭彭,八銮锵锵。"《诗·大雅·烝民》:"四牡骙骙,八鸾喈喈。"说明古人对它十分重视。銮盛行于西周,在春秋战国时已很少使用(图2-44)。

轭的铜饰仍与商代相差无几,但轭首与轭箍逐渐连成一体,轭肢多用木料直接做成,很少再像商代用青铜做外套。从河南浚县辛村出土的一件轭上能很清楚地看出保存完整的木质部分,轭体由三根木头组成,中间嵌一块尖角形木楔,当木肢与木楔装入铜轭箍后,上面的轭首向下压入,压力越大,进木楔就越深,设计与结构十分合理(图2-45)。

轴末的饰件——軎,在商代时已显得较长,西周初期继续加长,中期以后才逐渐缩短。在造型上,西周初期仍沿袭商代,以四出焦叶形为主,中期以后变化渐趋复杂,以各种精致的花纹为饰。

辖也不像商代那样以木质为体、外罩铜质辖首,而全部改用青铜铸造。辖首饰的造型

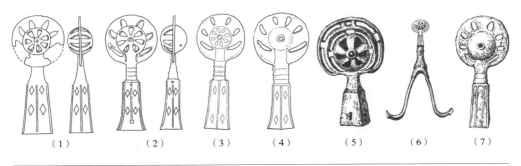

(1)	(2)	(3)	(4)	(5)	(6)	(7)

图2-43 各地出土的青铜銮 (1)(2)河南洛阳老城中州路出土 (3)(4)陕西陇县出土 (5)—(7)北京琉璃河出土

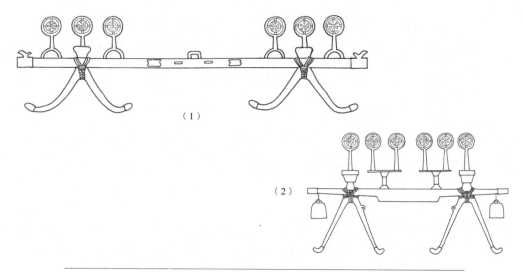

图2-44　战国銮铃装置示意图　（1）河南辉县出土銮装置法　（2）河南淮阳出土銮装置法

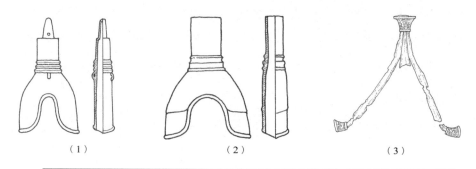

图2-45　（1）（2）连軏箍式軏首（陕西宝鸡茹家庄出土）　（3）车軏（河南浚县辛村出土）

以兽面为主，有时也像辕首饰一样采用人物形象（图2-46）。车軎柱饰仍与商代郭家庄、老牛坡等车马坑出土的方管形柱饰相同。宝鸡茹家庄车马坑还出土一种贴附于车门轵柱转角上的拐形门饰，如果不是出土时仍处于原位，恐怕很难考定它的身份和作用（图2-47）。

　　商周时期车上的铜饰件一般都铸镂花纹，很少有素面的。商代的纹饰以兽面纹、夔龙纹、雷纹等为主，西周时除了上述纹饰，还出现新的蟠螭纹、回纹、卷云纹等纹饰。

由于西周车马坑保存情况普遍较差，符合复原条件的整车资料很少，所以目前只能选择宝鸡茹家庄BRCH₃号车马坑1号车作为对象（图2-48（1））。陕西长安张家坡墓地的车马坑虽然出土的数量较多，但没有一辆是保存完整的，因此只能根据相关材料作一综合复原图以供参考（图2-48（2））。

笔者在复原商周车的过程中，仔细研究了石璋如先生的复原图，认为石先生的复原图上明显的错误表现在三处：一是车门的开设位置应在车后，先生在安阳小屯M40号车的复原图上把车门开在前方缺乏根据，因为至今尚未发现一例（商至汉代）车门是开在舆前方的；二是商代的车上还未出现伏兔；三是商周车的车辐主要为干栏式，还未发现一例用荆

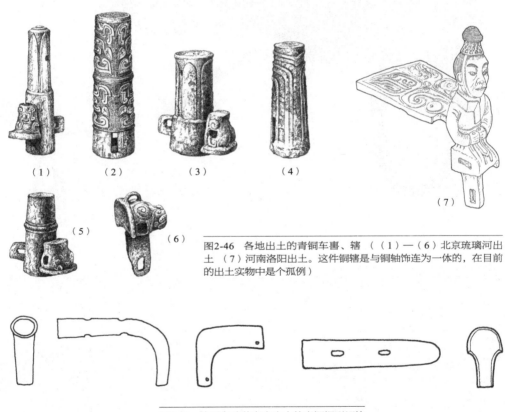

（1）　（2）　（3）　（4）

（5）

（6）

（7）

图2-46　各地出土的青铜车軎、辖　（（1）—（6）北京琉璃河出土　（7）河南洛阳出土。这件铜辖是与铜轴饰连为一体的，在目前的出土实物中是个孤例）

图2-47　陕西宝鸡茹家庄出土的青铜拐形门饰

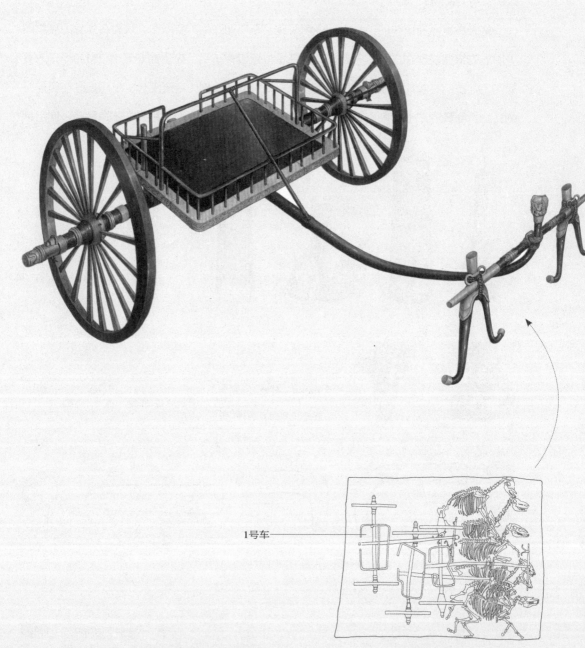

1号车

图2-48（1） 陕西宝鸡茹家庄BRCH₃号车马坑1号车复原图　　　　　发掘现场平面图

图2-48（2） 陕西长安张家坡西周墓地车马坑出土车综合复原图

或竹篾编成的舆栏，但发现好几例用整块木板做的车轮，先生很可能是把覆盖在车马上面或铺在坑底的葬席痕迹错当成舆轮痕迹了。至于轭下的皮套也不符合实际，这方面在论及马具时再做分析（参见图1-3、图1-4）。

在复原过程中碰到另外一个比较重要的问题是：辀与衡，轴与辀、軫，伏兔与轴，轭与衡的连接方法问题。秦始皇陵铜马车上按原型塑造的革带缚结方法告诉我们，这些地方应全部是用皮革捆缚的，捆缚木车的皮革古时称作"鞥"，《说文解字·革部》曰："曲辕鞥缚，直辕曓缚。"段玉裁注曰："鞥之言楘也，以革缚之，凡五。"如果说商周车不一定会采用革带捆缚的方法，那么，在商周车马坑中出土的很多车衡小饰件或许能间接地说明一些问题。这些小饰件背面都有一个小环纽，这种纽是用来穿捆缚的皮条的。连如此小的饰件都用皮条或绳索捆缚，那么没有理由否定大的结构也会采用同样方法。事实上在宝鸡茹家庄车马坑的发掘报告中，几处提到如辀与衡、轴与辀相交处有皮条捆缚的痕迹。皮革比木料更易腐烂，留下的痕迹也更难辨识，所以在商周车马坑的发掘中都未提及，这也是合理的，而在战国与汉代的车马坑发掘报告中谈到之处就明显增多了。

对商周车进行复原还遇到车的色彩问题。书中复原图上商周车的颜色都是根据发掘报告中说明的出土时发现的漆皮颜色来定的，春秋至汉车的颜色也是这样定的。木车在造好后都要髹漆，多层髹漆在木车表面会结成很厚的漆膜，千百年后埋入土中的木质部分往往朽腐成粉尘，而面上的漆皮却依然鲜艳如新。所以在剥剔车结构时，最先往往从残存的漆皮上进行辨认。如安阳郭家庄、宝鸡茹家庄出土的车上都有保存较好的漆皮，有时在大片漆皮上还能看出彩绘纹饰。

春秋战国车的出土与复原

春秋战国是中国历史上最辉煌的时期之一。中国古代卓越的思想家、政治家、科学家、军事家和具有深远影响的哲学、政治、军事思想体系与文学艺术作品大都产生于这一

图2-49　春秋时期宫廷贵族举行射礼示意图

时期，这是一个集大成、承前启后的变革时期（图2-49），表现在车舆的发展方面亦是如此。车从最初的运载工具逐步成为作战的器具，进而又成为社会等级的标志、礼乐制度的重要组成部分，至春秋战国之际，又一跃成为战争的最主要装备，其数量往往是衡量国势强弱的一个重要标准，而同时原有的政治地位也丝毫未降低，其受重视的程度达到了历史最高峰。

由于在政治、军事活动中所起的重要作用，春秋战国时期的车明显地具有用途专门化的趋向，在形制结构等方面发生了一系列变化：有的侧重灵便轻巧，有的着意坚固结实，有的追求舒适豪华，有的完全经济实用。

提供上述情况的资料同样也来源于这一时期已出土的车马坑。春秋战国时期的车马坑绝大多数都是类似浚县辛村的大型车马坑，一些诸侯国君的陪葬坑规模更是大得惊人，僭

图2-50 战国时期魏韩争战，齐将军孙膑指挥齐军在马陵道伏击魏军，使魏将庞涓战死，全军覆灭

制现象十分突出，反映出他们要与周天子分庭抗礼的政治野心（图2-50）。

第一批春秋早期的车马坑是1956年在河南三门峡上村岭发现的，经考证为虢国贵族墓的陪葬坑，共有三座，编号为1727、1051和1811。

1727号车马坑共埋车五辆，马十匹，马系杀死后入葬，每辆车下压两匹。车与马排列整齐，整座车马坑保存完整，五辆车除一辆被近代墓葬部分扰乱外，其余都被完整地清理

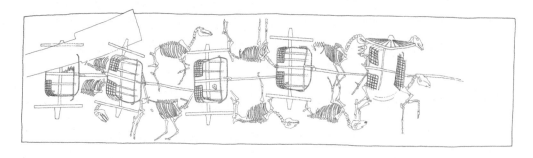

图2-51 河南三门峡上村岭虢国墓地1727号车马坑平面图

图2-52　河南三门峡上村岭虢国墓地1727号车马坑4号车复原图（毂饰、车軎取自同地其他墓出土实物）

剥剔出来（图2-51、图2-52）。只是整个葬坑中未发现一件铜车饰和马具，这一现象是该时代比较明显的特征，随葬的车、马上所有的铜饰件、马器都被取下，集中葬入墓主的椁室中，但其数量与随葬的车马经常是不相符合的，可能仅仅是象征性地埋葬一些。或许这也反映大量用车后，青铜车马器出现了供需紧张的状况，已不再随便作为陪葬品埋入地下了。1727号车马坑发掘清理工作结束后，在郭沫若先生的建议下予以原地原状保护，现已建成博物馆，是中国第一座公开展出的古代车马坑。

1051号车马坑共埋10辆车、20匹马，排列方法与1727号略有不同，前后分成三组，前两组各三辆车，第三组有四辆车，每组内的车都靠得很近，组与组之间则相距较远，马的放置亦不如1727号整齐，不过坑内还留有少量青铜车马器件，但大都不配套。这座车马坑的保存情况远逊于1727号，除了根据部分轮舆的残迹可以推知其大致尺寸外，舆上和其他一些主要结构都模糊不清，残缺不全（图2-53）。

1811号车马坑与1051号相同，也有10辆车、20匹马，但排列方法又是一种，车集中在坑的中部和北部，马则部分压在车下，部分集中在坑南部，各车的结构据发掘报告称与1727号的基本相同。

图2-53　河南三门峡上村岭虢国墓地1051号车马坑平面图

从1990年起至1999年止，虢国墓地进行了第二次大规模的考古发掘，在这次长达九年的清理发掘中，又出土了四座车马坑，编号为M2001CHMK1、M2012CHMK2、M2001CHMK3、M2013CHMK4。四座车马坑中，除了M2001CHMK3只清理出东侧部分车轮遗迹而没有继续发掘外，其余三座或被盗掘，或被现代墓葬破坏，都有损失。M2001CHMK1号车马坑内共清理出车13辆，以1号与7号车保存最为完好（图2-54）。M2012CHMK2号坑共清理出19辆车，但只有15号车状态较佳，其余不是被毁坏，就是因相互叠压而严重变形（图2-55、图2-56）。从平面图上可以看出，这两座车马坑内的车，车厢的舆軨与商周时期的很接近（个别除外），比1956年出土的车的舆軨在结构上显得较

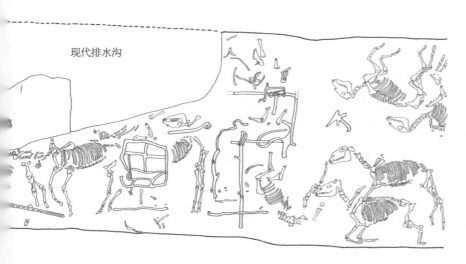

现代排水沟

图2-54　河南三门峡上村岭虢国墓地M2001CHMK1号车马坑平面图

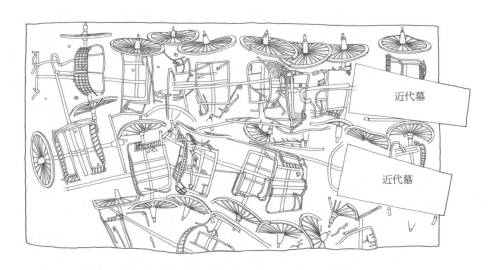

图2-55　河南三门峡上村岭虢国墓地M2012CHMK2号车马坑平面图

为简陋（参见图2-51）。M2013CHMK4号坑因发掘报告中没有介绍，故情况不明。

继河南虢国墓地发掘之后，在山西、山东也发现了数座春秋时期的车马坑。

山西侯马市上马村附近的上马墓地是巨大的古墓区，从1959年开始，有关部门对墓地前后进行了13次发掘，发掘古墓达一千三百余座，其中有三座春秋中期的车马坑，编号为1、2、3。三座车马坑相距很近，都是长方形坑，1、3号坑内各埋三辆车，2号坑内有五辆车，车与马都分开放置，马坑比车坑要深，马是杀死后叠压放置的，为了保护车迹不受损害，马骨未全部清理，故马的实际数量不清。车排列很整齐，都是车厢紧挨着车厢，车轴有的压在前面的车厢下，有的搁在车厢上，靠近马坑的车轴则直伸到马骨之上。三座车马坑除2号坑口地表遭到严重破坏，使五辆车的车舆上部痕迹不同程度地被毁之外，与河南三门峡上村岭虢国墓地车马坑一样，除个别车辆上留有少数的青铜、骨制车饰件外，大部分马具、车器都被拆掉。值得一提的是，3号车马坑还发现一辆（3号车）外表不髹漆、舆底不铺设厢板、制造工艺简陋粗糙的车的痕迹，这种车很可能是纯粹作为陪葬品而非实用的明器，这在先秦墓葬发掘资料中是很少见的。

图2-56　河南三门峡上村岭虢国墓地M2012CHMK2号车马坑15号车复原图（毂饰、车軎、轭饰取自同坑其他车，或同地其他墓出土实物）

发掘简报中还明确指出三座车马坑中2号坑的车制造最精细，装饰也最华丽，为1、3号坑所无法比拟，可惜大都遭到破坏，痕迹残缺不全，不能将它们复原出来了，本书中现在复原的几辆都是1、3号坑中数据比较完整的车（图2-57、图2-58、图2-59）。

与山西侯马市上马村墓地车马坑同属一个时期的山东临淄后李车马坑是1990年在修建青济高速公路、清理淄河店墓地时发现的，编号1、2。两座车马坑南北相对排列，1号坑内共有10辆车、32匹马，其中六辆车各用四匹马驾挽，其余的车各用两匹马驾挽。2号坑

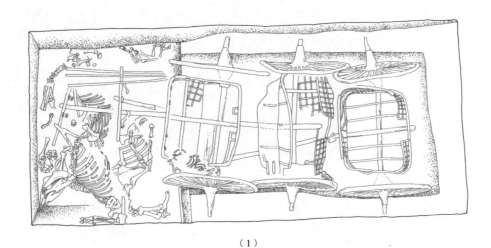

（1）

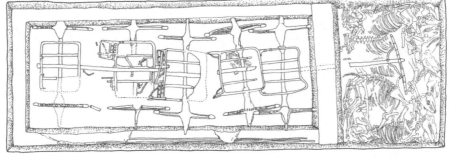

（2）

图2-57 （1）山西侯马市上马村墓地1号车马坑平面图 （2）山西侯马上马墓地2号车马坑平面图

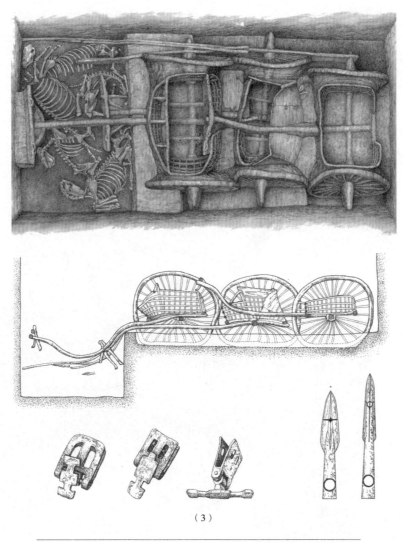

图2-57 （3）山西侯马上马墓地3号车马坑平面、剖面图及出土的青铜器

因车马上下层分葬，且马在上，车在下，故只清理出马骨，车至今还埋于地下没有发掘清理，根据马骨数推算至少应有三辆车。这两座车马坑保存情况都很好，1号坑的10辆车经清理剥剔后全部面世。与上几座不同的是，车的铜饰与马具都未取下，出土时都在原来的

图2-58　山西侯马市上马村墓地1号车马坑1号车复原图（坐凳根据发掘报告所述，加以推测画出，车壽取自同地其他墓实物，车辕饰取自2号车马坑出土实物、装置位置）

图2-59　山西侯马市上马村墓地3号车马坑2号车复原图（车辒、辕饰取自同地其他墓出土实物）

地方，其中精美的马饰尤为引人关注。由于这座车马坑保持了最完整的原始状态，所以对研究春秋时代的车制，特别是车的驾挽方法具有重要的参考价值（图2-60）。

现在这座车马坑已被原地保存，并在此基础上建立了全国第一座古车博物馆，馆内陈列了商至明代的各个时期复原古车19辆以及车马具的复制品和有关车的文物、绘画作品等。笔者曾两次前往参观，得益匪浅。遗憾的是1号车马坑的发掘报告至今没有公开发表，有关的详细数据、现场平面图也因此不能收录在本书中。

山西临猗（现属运城市）是古代通往关中地区的交通要道，历来为兵家必争之地。

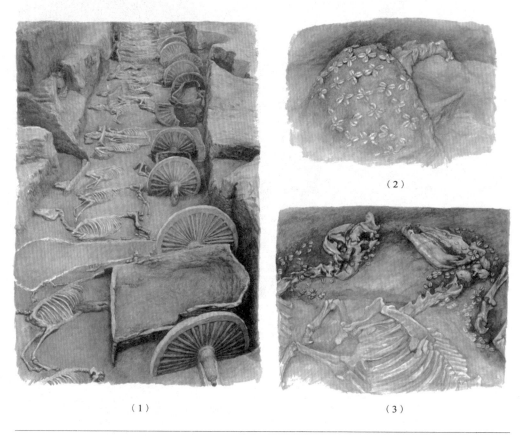

（1）　　　　　　　　　　　　　　　　　　　　（3）

图2-60　（1）山东临淄后李1号车马坑俯视图　（2）山东临淄后李1号车马坑海贝辔饰出土现状　（3）山东临淄后李1号车马坑海贝饰马笼嘴出土现状

图2-60 （4）山东临淄后李1号车马坑殉车综合复原图

1987年秋至1988年冬，在临猗程村附近发现大批的春秋时期的墓葬，共清理出八座车马坑，编号为M1009、M1058、M0026、M1076、M1061、M1063、M1065，其中M0026、M0027、M1061、M1063都程度不同地遭到破坏，有的几乎破坏殆尽。这八座车马坑内埋葬的车数一至五辆的都有。保存最完整的是M1009车马坑，内有12匹马，马全部堆放在马坑内，五辆车呈一排排列其后。这八座车马坑经考古人员的精心清理，使春秋时期的古车结构和技术都得以破解，详情请阅《临猗程村墓地》一书（图2-61）。[25]

山西太原南郊的晋源镇一带，是春秋时期晋国的都城——晋阳的遗址，遗址两侧沿吕梁山脉南北二十余公里的范围内是晋阳古城的墓葬区。

1988年在墓区内金胜村的晋国赵卿墓旁发掘了一座大型车马坑。据考证，该车马坑属

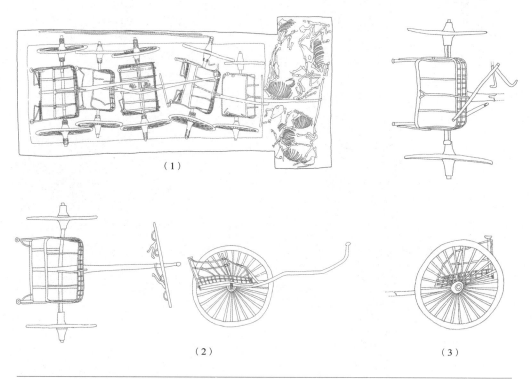

（1）

（2）　　　　　　　　　　　（3）

图2-61 （1）山西临猗程村墓地M1009车马坑平面图 （2）M1058车马坑1号车俯视、侧视图 （3）M1058车马坑3号车俯视、侧视图

墓主——春秋晚期晋国地位显赫的正卿赵简子赵鞅的随葬墓，所以级别很高。

坑为直角曲尺形，马集中放置在坑的狭长横坑内，车分两排置于长方形的竖坑内。车坑原本保存完好，但在发掘之初清理车坑上叠压的唐代墓葬时不慎将部分遗迹挖去，所以现在出土的完整车辆痕迹只有七辆，部分残缺的有六辆，遗迹基本全毁掉的可能还有三辆，估计总数不超过16辆。虽然遭受了一定程度的破坏，但所清理出来的遗迹是古车发掘有史以来状态最好、最为清晰的一批，车与车分两排相接排列，前面的车厢压在后面的车辀上，右排的车毂夹于左排的车轮之间，只是所有的铜车饰件全部被拆去；车出土时残余的漆皮颜色如新，有的还能看出用红、黄、黑等色彩画的三角、"人"字形、菱形等几何纹饰；大部分车的轮、舆都没有变形，舆、轵等细部结构历历在目。痕迹能保持如此完好应归功于那些无名的埋葬者，他们挖掘车马坑、放置车辆和填土的认真负责态度是其他车马坑的埋葬者所不及的（图2-62）。

为了保护收藏这座珍贵的车马坑，考虑整体搬迁时的便利，故在发掘时只清理了车厢上部和车轮，两车相连处和车厢以下部分都未深入解剖，所以目前公布的资料中涉及辀衡、轭、轴、伏兔等都缺失，因此这批最值得复原的车仍因材料不齐而暂时不能复原。[26]

山西曲沃晋侯墓地的发掘是中国20世纪商周考古的一件大事，被列为20世纪中国考古百项重大发现之一，在学术界引起强烈反响。

曲沃墓地从1992—2001年共发现10座车马坑，其中2006年发掘的1号车马坑是晋侯墓地中面积最大的车马坑。坑内葬有马105匹，集中堆放在马坑内，车48辆，分五排自西向东依次叠压，排列整齐紧密。在这座坑内发现数辆车厢外侧有大面积彩绘的乘车（图2-63（1））和装有青铜甲板的战车（图2-63（2））。

笔者有幸受山西考古研究所邀请考察了正在发掘中的该车马坑，当亲眼目睹了厢板上的精美彩绘，不禁为2800多年前的这些艺术珍品的完美、亮丽而感到震惊，笔者用了半天的时间现场描绘了21号车后厢车门的彩绘，其兴奋之情至今难忘。在这座车马坑之前的材

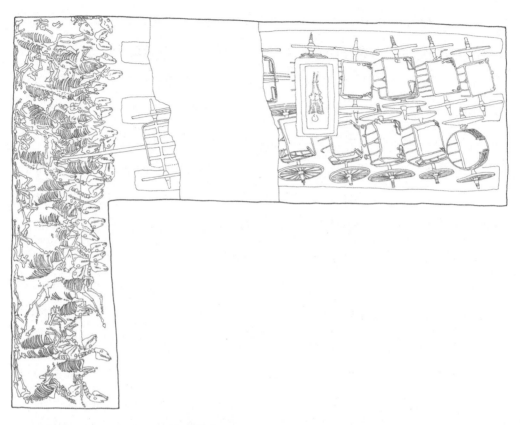

图2-62　山西太原金胜村晋国赵卿墓车马坑平面图

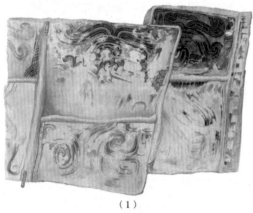

（1）

（2）

图2-63　（1）山西曲沃晋侯墓地1号车马坑21号车后厢车门彩绘（作者现场描摹）　（2）山西晋侯墓地1号车马坑11号车左侧舆輢上的青铜甲（现场写生）

料中，春秋以前车軨外侧的厢板上彩绘和挂装青铜甲板都还没有发现，只在其后的战国车上频繁出现，曲沃的"彩车"和"装甲车"的出土，无疑表明了春秋时期古车的装饰与装备就已达到了此等水平。[27]

战国车马坑的发掘材料很丰富也很精彩。

首批资料来自河南辉县琉璃阁，这是1950年突破剥剔技术难关后成功发掘的第一座大型车马坑，编号131。葬式与山西金胜村车马坑相同，马集中堆放在狭长的小坑内，车分两排，轫的辕、踵相接，共有19辆。从车舆平面痕迹观察，可分为大型、小型及车厢狭长的特种型车三种。车全都髹漆，从发掘一开始就是根据粘在土中的漆皮来分辨痕迹的。这座车马坑被盗掘过，同时还有数座汉墓叠压其上，所以部分车的痕迹已遭破坏，清理出的车除少数留有少量的铜饰件外，其余都被拆除了（图2-64（1））。19辆车中1、5、6、16、17号车痕迹完整清晰，著名考古学家夏鼐先生曾组织专门研究人员对这五辆车进行复原，并制作了立体模型，但所复原出的车上的某些细节如果用现在的资料进行对照，仍存在不少需商榷之处（图2-64（2））。

1972年在河南洛阳老城中州路也发掘出一座车马坑，编号M19。这座车马坑由于长期压在西汉房基下，所以大部分车痕都成饼状，贴伏在地上，只有两个车轮的下半部因放置在车坑轮槽内才没被压平，但仍然能清楚分辨痕迹。这辆车的车厢前部结构很特别，轸木成山字形弯曲，上面缠有藤条，所有的青铜饰件都基本保持在原位，铜饰表面有错金银纹饰，制作精致。覆于车厢上面的圆形车盖痕迹完整、清晰，盖弓帽与盖弓呈放射形分布，绳索编织的方格网伞盖面也依稀可辨，有两处还保留了伞盖面上油漆彩绘的图案。这是自北京琉璃河、河南辉县之后第三次发掘出的确定无疑的车伞盖，其痕迹的完整、清晰程度全都超过了在北京琉璃河与河南辉县所发现的痕迹（图2-65）。

河北省平山县三汲乡一带是春秋战国时期的古墓区，1974年在这里发掘出战国晚期的中山国的国君𰯼的陵寝。中山国是当时的千乘小国，𰯼是中山国鼎盛期的国君，但名不见于史籍。𰯼墓规模宏大，出土器物的丰富精美现已闻名全世界。在王墓的前方东西两侧，

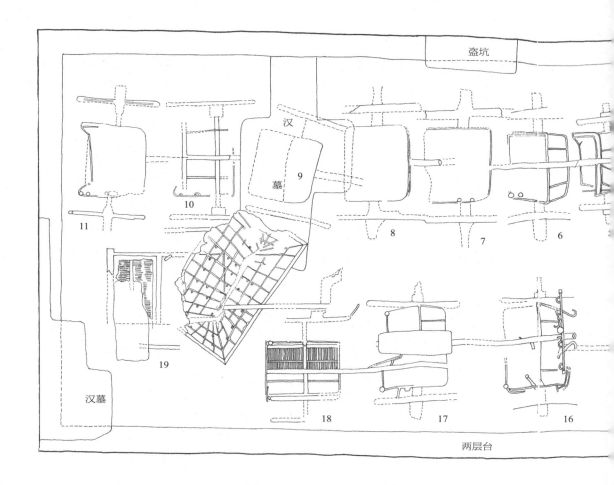

发掘出两座大型车马陪葬坑，编号为1、2。这两座车马坑葬式特别，坑的两壁用巨型方木做柱，柱上架以横梁做成坑顶，顶上再排放两层圆木，然后再填土，构筑方法一如墓室。两座长方形坑都在中间用木梁分隔出车室与马室，车辆与马尸分置其间，马头还统一搁在一根长木上，其情形可能表示马像生前一样拴在马厩里。1号车马坑遭到严重盗掘，清理现场时发现有13个盗洞，在马室中有12架马骨，部分马骨被扰乱，马头处残留有一些铜马饰，车室中除留下零星的青铜小车饰外，其他器物被洗劫一空，车的痕迹也荡然无存，只能从残留于地上的少量漆皮，参照殉马数和2号车马坑的情况约略估计原来可能放置了

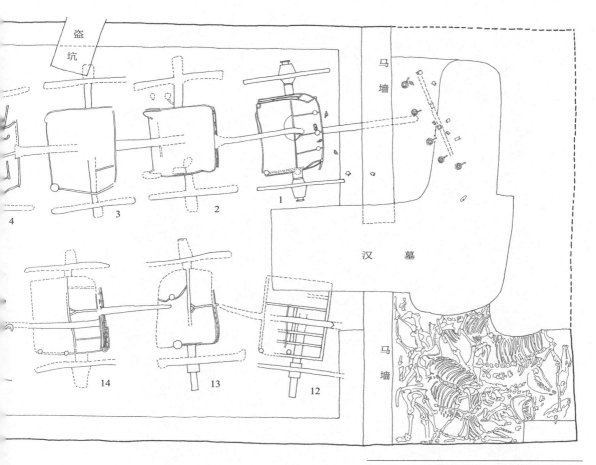

图2-64 （1）河南辉县琉璃阁战国车马坑平面图

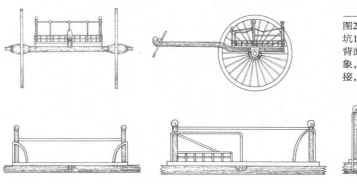

图2-64 （2）河南辉县琉璃阁车马坑1号、3号、7号、11号车的车厢背面复原图，复原图中辀的弯曲形象，轵的结构，轸木、轴、辀的连接，角柱头的形象均值得讨论

图2-65　河南洛阳老城中州路M19号战国车马坑平面图（图中的伞盖面漆绘残片是根据发掘报告补绘到平面图上去的，可能有误）

三至四辆车。2号车马坑未遭破坏，内葬马12匹，车四辆，马头骨上有少量铜络饰，马身上无其他遗物。车的周围放有车帐撑杆和其他器物，每辆车中都配有弩、镞、剑、钺、戈等兵器，车上的金、银、铜车器车饰造型独特、华美精巧。2、4号车的车轮上还挂有银珠穿成的或丝带编织的菱格网饰，3号车上还配有指挥作战用的号器——铙。大量兵器、军帐、铙等军用物品表明2号车马坑中的车可能都是罃生前参与军事活动的用车。令人叹息的是，这座车马坑不是直接填土的，所有物品都置于中空的室内，据发掘报告介绍，清理时发现各种痕迹相互重叠，多数物品都有移位现象，特别是车舆遗迹多已变形——有的上面叠压军帐、车伞盖，有的在坑壁坍塌时受到掉落的泥土压砸——现场已很难准确辨识车的痕迹，只能依靠基本还处于原位的车饰、车器和尚属清楚的车痕大体描绘、测量出各车的形象与尺寸。[28]

严格说这些材料只能供参考用，其准确性与真实性绝不能与山西金胜村、上马墓地的材料相比拟（图2-66、图2-67）。

河南淮阳是战国后期楚国旧都被秦攻破后君臣逃往陈地所建的新都。1981年在今县城附近的马鞍冢发掘出楚顷襄王的两座大型陪葬车马坑。

1号坑内葬有车8辆，马24匹，2号坑内葬有车23辆，泥塑马数十匹，这是先秦车马坑中第一次发现用泥马替代真马，为秦汉以后的葬俗变革开了先例。这两座车马坑都保存完好，未遭盗掘，车的痕迹也很清楚，所有的铜铁车器饰件都留在车上未拆除。31辆车形制各异：有车主、驭手分室而居的安车（如同秦始皇陵铜车马坑出土的2号车）；有轮舆尺寸特小的，似为儿童游戏用的小车；还有在舆轮外侧安装青铜甲板的战车。有些车的车厢结构与造型已明显不同于中期之前的车制。两座车马坑出土了很多制作考究的错金银铜车饰，其代表作是错金银龙首辕饰，具有很高的艺术价值。

2号车马坑内还发现了六面旗杆长达6米，旗面上缀有贝壳的旌旗，是至今发掘的墓葬中唯一见到的旗帜真迹（图2-68、图2-69）。

马鞍冢的发掘材料至今也没有整理出版，[29]数年前我曾得到河南省文化厅与河南省

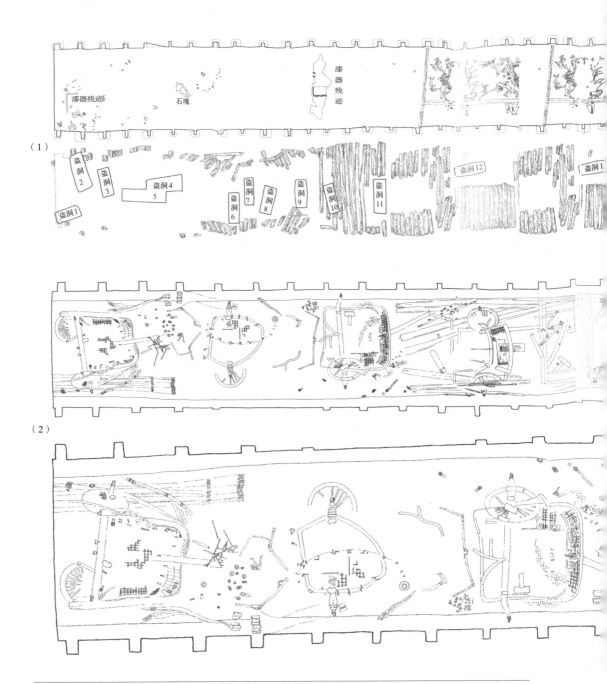

（1）

（2）

漆器残迹

石块

漆器残迹

盗洞2

盗洞3

盗洞4

5

盗洞1

盗洞7

盗洞8

盗洞9

盗洞10

盗洞11

盗洞12

盗洞1

盗洞6

图2-66 （1）河北省平山县中山王䝮墓大型车马陪葬坑1号车马坑与坑顶清理现场平面图 （2）河北省平山县中山王䝮墓2号车马坑平面图

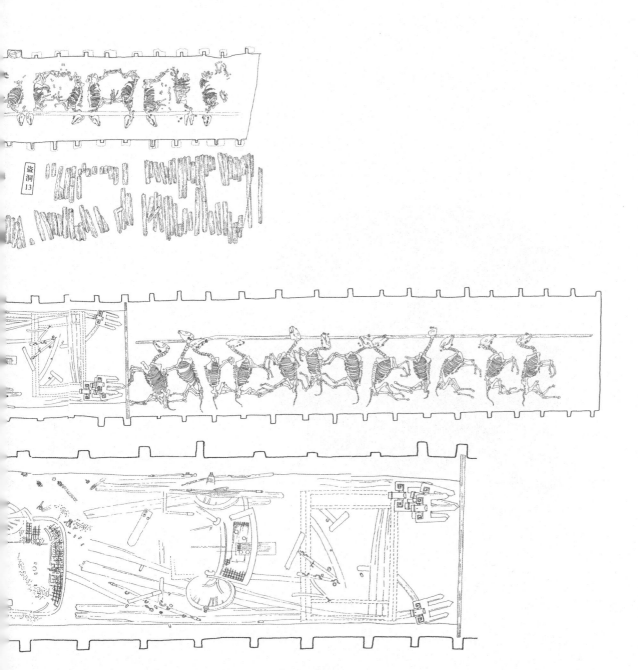

图2-67　河北省平山县中山罍墓2号车马坑2号车复原图（车上的伞盖、车辕前的封闭方法与彩绘是作者根据出土实物、遗迹等推测、想象绘制出来的）

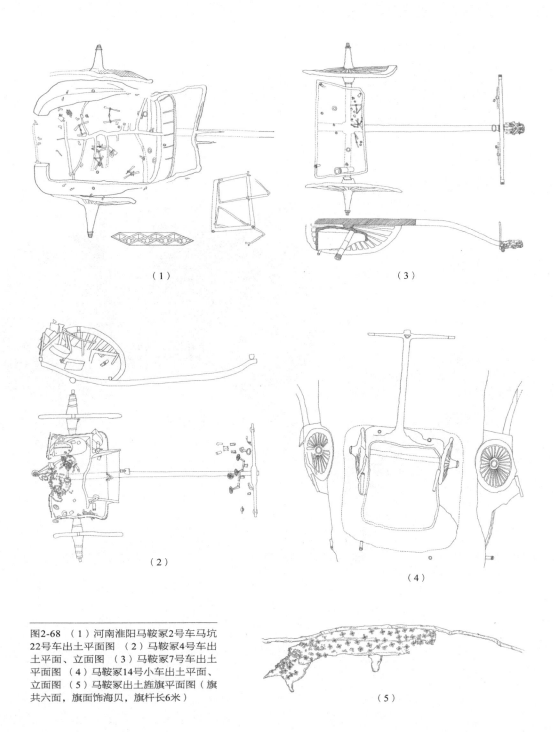

（1）

（3）

（2）

（4）

（5）

图2-68 （1）河南淮阳马鞍冢2号车马坑
22号车出土平面图 （2）马鞍冢4号车出
土平面、立面图 （3）马鞍冢7号车出土
平面图 （4）马鞍冢14号小车出土平面、
立面图 （5）马鞍冢出土旌旗平面图（旗
共六面，旗面饰海贝，旗杆长6米）

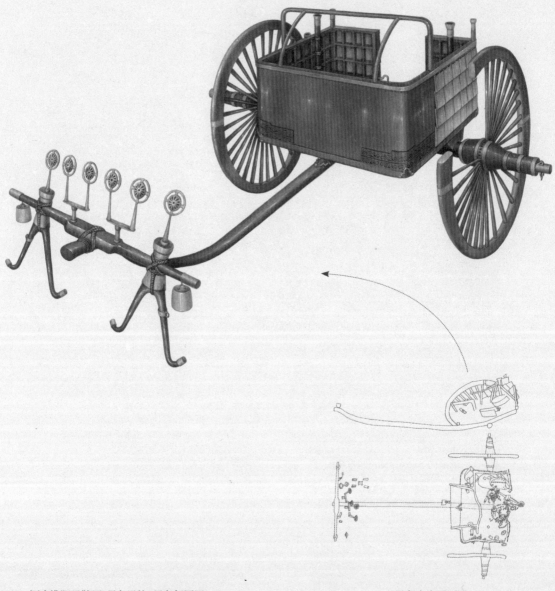

图2-69　河南淮阳马鞍冢2号车马坑4号车复原图　　　　　　　　　4号车出土平面图

考古研究所的帮助，看到过部分发掘记录，但全部详情还不甚了解，在此只能将最有代表性的材料做一些介绍。

湖北荆州是久负盛名的军事重镇，距今荆州城六公里处的纪南城遗址，是当时楚国的郢都所在地，在遗址周围现有楚墓数千座。

1982年在纪南第二砖瓦厂（原名江陵九店公社砖瓦厂）取土区内发掘出一座车马坑，编号M104，内有二车四马。其中1号车保存极差，仅能辨识出轴和右軏；2号车的车舆后半部与车轮上半部被压扁，部分遭毁，但保留下来的痕迹却很清楚，各处结构都能复原，这辆车除了车害被拆去外，其余的铜车饰都保留在原处，舆輢的两侧还装有四个铜壁插，这是在商周以来的其他车上所未见的。2号车清理完毕后灌制了石膏模型，笔者在考古所纪南工作站韩楚文先生的热情帮助下看到了印模，并阅读到韩先生参与编写的江陵九店发掘报告，进一步全面了解了这座车马坑的详情（图2-70、图2-71）。

湖北宜城县一带是战国时楚国的陪都，1988年当地农民在住所门口挖石灰坑时挖出两件铜车饰，宜城博物馆闻讯后前往探查，结果发现这里是楚墓区，从中发掘出一座车马坑，编号M1CH，坑内有车七辆，马18匹。坑为长方形，车一字排开，其中五辆车各配两

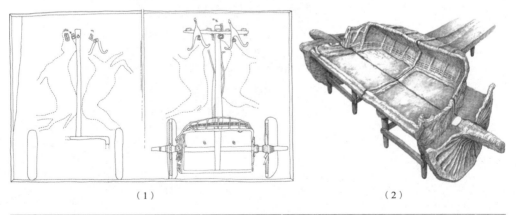

（1）　　　　　　　　　　　　　　　　　　（2）

图2-70　（1）湖北江陵九店M104号车马坑平面图　（2）湖北江陵九店2号车车舆石膏印模（根据分块模照片组合绘制）

图2-71　湖北江陵九店M104号车马坑2号车复原图（车舆与坐席取自同一地区其他墓出土实物）

匹马，两辆车各配四匹马。由于封土堆压，车的痕迹已贴伏于地，但1、2、4号车的痕迹还较清晰，特别是4号车保存最完整，全车的主要结构都被剥剔剖析出来。另四辆车保存较差，如3号车是唯一留有铜车饰的，但在清理前饰件已被村民取出，原来所处的准确位置已无法确认，而6、7号车仅能辨识车的大致轮廓，细部痕迹全都迷漫不清。[30]

这座车马坑也灌制了石膏模型，经加工着色后陈列在宜城县博物馆，我曾前往参观，感觉这个模型在质感上、清晰度上都不尽如人意（图2-72、图2-73）。

1990年在山东淄博市临淄区齐陵镇淄河店村南发掘出后李春秋车马坑的同时，还于墓地东北部的2号墓内发现有殉葬的车马。这些车都是拆散后分置在墓室东西两侧的二层台上，共有车轮46个，都靠墓壁堆放，舆、辀22架，部分与轮叠压（图2-74（1））。该墓处于断崖的坡地上，墓上充填的是干燥而又坚硬的红黏土，轮、舆等木制品腐朽后在填土上留下了犹如模坯一般的空洞，对这些空洞灌注石膏后得到的几乎是完整的原型标本，这样，许多车部件得以准确复原。

复原出的部件组合成的车共分三类：第一类车舆较小，用革带编成舆底，有车轼，这类车可能属于田猎、作战用车；第二类车舆较大，用细棕绳编成舆底，无车轼，这类车似为乘车；第三类车舆为竖长方形，既无车门也无车轼，舆底铺以细竹竿，舆轮外侧还留有围捆苇席的痕迹，这类车与后李的竖长方形车舆相同，可能是运输车。[31]

这三类车都被制成复原模型车，现陈列于山东临淄古车博物馆内。笔者根据模型车画了两张复原图附于本章之后以供参考（参见图2-75（1）、（2））。

河南洛阳是东周都城，2002年洛阳市兴建王城广场，为配合市政建设，在原王城遗址的东部发掘清理了七座陪葬车马坑，根据规模，分为大、中、小三类型，其中小、大型各一座，中型五座，编号分别为LK3、ZK2、ZK7、XK8、XK9、XK10、ZK5，这七座车马坑除少数未遭破坏，大多受到程度不同的毁损，车的遗迹保存情况也较差，但其中的ZK5大型车马坑内发现了一辆驾有六匹马的天子级别的车，可惜车上的很多青铜饰件都已拆

（1）

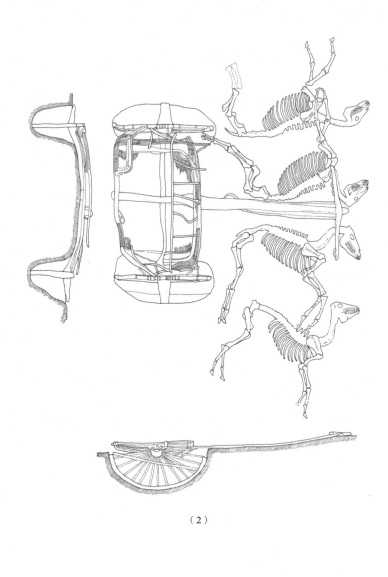

（2）

图2-72 （1）湖北宜城M1CH车马坑平面图 （2）湖北宜城M1CH车马坑4号车平面、剖面图

图2-73　湖北宜城M1CH号车马坑4号车复原图（车軎亦取自同一地区其他墓出土实物）

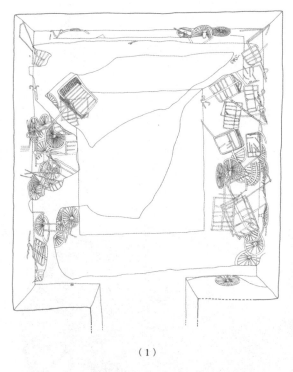

（1）

（3）

（2）

图2-74 （1）山东临淄淄河店2号战国墓随葬车舆、车轮分布平面图 （2）河南洛阳王城广场东周墓ZK5车马坑西2号车遗迹 （3）甘肃马家塬战国墓地3号墓室殉车彩绘与车轮装饰

图2-75（1） 山东临淄淄河店2号墓出土15号车复原图

图2-75（2） 山东临淄淄河店2号墓出土11号车复原图

除，车的痕迹也模糊不清，扭曲变形，无从识别它当初的形象（参见图2-74（2））。[32]

同年，在湖北枣阳九连墩楚国贵族墓地发掘出的1号车马坑，该坑随葬车辆南北向双排横列，共有车33乘，马72匹，处于坑中部的13号车也是六驾天子之乘。

最近的重要发现来自甘肃省张家川马家塬的战国墓地，在这个偏僻的小山村地底下，埋藏着战国晚期戎族部落酋长的家族墓地，由于猖獗的盗墓活动引起当地公安和文物管理部门的重视，通过抓捕收缴和抢救性发掘，出土了一大批稀世珍宝，其中最重要的发现是极尽奢华的马车，这些车不像其他地区是专门埋在车马坑内，而是随葬在墓主的墓室之内，3号墓室内的一辆车，不仅在木制车毂外侧的厢板上有精美的彩绘，而且在车轮、车厢板上还装饰有繁复的三角形、方形的镂空铜饰，错金银的铁条和金、银箔花、动物及饰件，其豪华程度与河北省平山县中山王𰻞墓的车相比，有过之而不及（图2-74（3））。

零星的发现还有：1983年3月至1984年年初在陕西凤翔马家庄发现两座战国车坑，编号为K121、K17，K121遭到严重破坏，除遗留少量的青铜车饰外，遗迹无存，K17坑内出土了一辆车，这辆车的大部分车舆、车辀和一个车轮的痕迹也已被毁，剩下的车轮、舆轸、辀、衡和轭能大致反映出车的面貌。车辀辕部像山东临淄淄河店2号战国墓随葬的车一样，成钩形向上弯卷，三角形辕平面上钉有三个金异兽饰，装饰甚为独特，坑内出土的车马器全为金器，估计原来也是一辆颇为华贵的车。此车的轮轨宽度、车厢的面积虽然与其他地区的车差不多，但车轮特别小，直径只有其他车的一半。小车轮的车除了河南淮阳出土过，还有河北省平山县中山王𰻞墓2号车马坑的四辆车也是，根据参与发掘的专家分析，这四辆车车轮小的原因可能是中山国地处丘陵地带，为了便于车上下陡坡要适当降低车的重心，否则会因重心过高而降低稳定性使行车发生危险。此处车轮小是否也出于同一原因，或许仅是一辆游戏车或是用人力牵挽的辇车，现在已不得而知了（图2-76）。

上述材料基本概括了春秋战国时期车的考古成果，丰富的实例反映出这一时期车马坑的保存情况普遍要比商周（特别是周代）好，完整的车制遗迹，较为准确的尺寸数据等有利于研究的实物资料较多，用这些材料与商周时代的进行比较后不难发现，车发展到这一

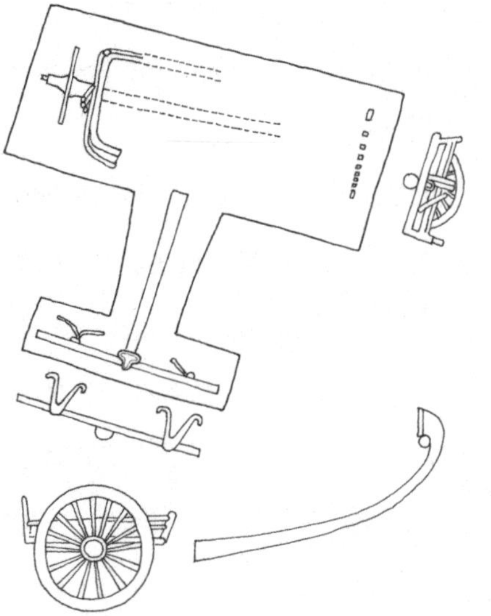

（1）

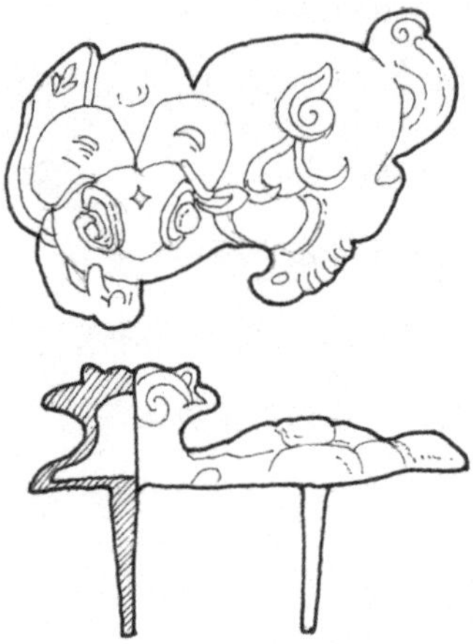

（2）

图2-76 （1）陕西凤翔马家庄1号建筑遗址出土车平面图 （2）陕西凤翔马家庄1号建筑遗址出土金异兽辕首饰

时期又有了新的变化与特点。

这一时期车厢的面积越来越大，扩大的部分主要是在前后进深上，车厢的平面形状已差不多接近方形，少数特大型的车厢还呈竖长方形。舆的四角，更多的是轼前两角大都做成圆形，舆底根据车的不同用途分别选用不同材料编织、铺设，很少再用木板铺就。战国后期还出现了秦始皇陵铜车马坑出土的2号铜车那种乘、驭分室的，封闭的厢式新车型，为秦汉以后的车制变革开辟了新思路。

在这一时期内还出现了车厢的面积逐步在扩大而轮间的轨距慢慢在缩小的现象，这说明车的整体结构已更加合理、完美。不仅车轴变短，车毂也有所收缩、变小，轮内侧与舆輢间的距离也在拉近，用于保护车轴的轴饰这时变成了一块椭圆形的平面铜盖板，用钉固定在轴上或轸木与伏兔的接合部（图2-77）。

车衡重又成为直衡，曲衡已不复流行，衡中饰、矛状衡饰也都不再使用，衡上的车轙

图2-77　河南辉县琉璃阁131号车马坑出土错金银轴饰

图2-78　湖北江陵九店战国车马坑出土车衡木軎、木軏遗迹石膏印模

有时用木材煣制以取代铜制品。軏也全部改用木材制作，只在軏首与軏軵处套有铜饰（图2-78）。改变最明显的是车毂的加固方法，铜钏、铜軝等青铜加固件这时已很少再使用，绝大多数车改用一种在毂表面缠裹皮筋后再涂胶加固的新技术，这种技术在《周礼·考工记·轮人》里有详细的记载。山西太原金胜村，河北省平山县中山王𰵚墓，湖北江陵九店、宜城等地出土的车，都发现很清楚的用上述方法加固车毂的遗迹（图2-79）。

太原市文物管理委员会的渠川福先生曾参与金胜村车马坑的发掘工作，他在《太原晋国赵卿墓车马坑与东周车制散论》一文中详细描写了这一工艺的过程，解释了《考工记》的文字："首先要在毂面（轵部）琢刻等距离的环槽，其标准是与毂轴线相垂直，此谓之'陈篆必正'……然后，在槽中涂施一层厚胶，再用皮筋（大约是牛筋）紧密缠绕之，缠满一层，涂胶再绕，直至与槽沿平齐或稍低，此所谓'施胶必厚，施筋必数'。等待胶完全干透之后，胶筋已与车毂非常紧

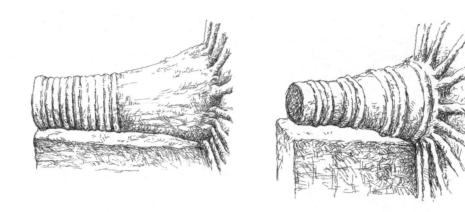

图2-79　山西太原金胜村晋国赵卿墓车马坑1、8号车毂遗迹

密地结合为一个整体，此所谓'毂必负干'。此时槽中的胶筋因脱水收缩而低于槽沿，经打磨，槽沿变为圆角，与槽中胶筋平滑过渡，形成波纹形环棱，然后髹漆整个表面，这样毂面形成胶筋和槽壁青白相间的篆，'既摩，革色青白'此之谓也……经过这样加工处理，车毂强度比之辐、钏、軧铜件加固者有过之而无不及，而且更经济、更轻便，当然可以'谓之毂之善'了。"[33]

　　不过笔者还要补充一点，山西太原金胜村出土的车毂和《考工记》的记载只是缠裹筋革的一种方法，当时还有另一种，即湖北江陵九店与宜城车的方法，它们是分段缠裹筋革，与槽沿平齐后还要继续再缠几层筋革，这几层缠的时候是密密相连的，这一缠法在《江陵九店东周墓》一书中附有示意图（图2-80），这两种方法相比较，后者强度应更高。

　　战国时期还发明了在毂孔中装釭以减轻与轴的摩擦，增加车毂强度的方法。

　　《说文解字》曰"釭，车毂中铁也"，说明釭一般用铁制成，铁器易锈蚀，所以出土的实物中很少见到。河北易县燕下都出土的一件为圆筒形，两侧有突出的凸榫，可以卡在木毂内，这件釭直径达8.8厘米，推测应是装在贤端（大头）的，还应有直径较小的装在軝端的另一件。同时，与之配套的是在木轴上也开始装锏，《释名·释车》曰："锏，

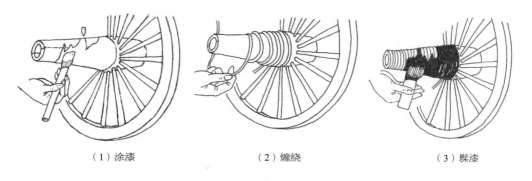

（1）涂漆　　　　　　　　（2）缠绕　　　　　　　　（3）髹漆

图2-80　湖北江陵九店M104号车马坑车毂加固方法示意图

间也，间釭轴之间使不相摩也。"河南洛阳老城中州路车马坑出土的四件铁𫓧呈半筒形瓦状，四角有孔可施钉，固定在车毂贤端、轵端的车轴上，行车时在釭、𫓧间涂上油膏，车轴与车毂的摩擦就会相应减轻，正如《吴子·治兵篇》所说的，"膏𫓧有余，则车轻人"。毫无疑问，釭、𫓧实属原始状态的轴承装置（图2-81）。

春秋战国时车轵的高度也在西周的基础上有所增加，并开始将轵前封闭。封闭的方法可能有两种，一种是直接用木板作舆前厢板，如河南淮阳2号车马坑的4号车，另一种

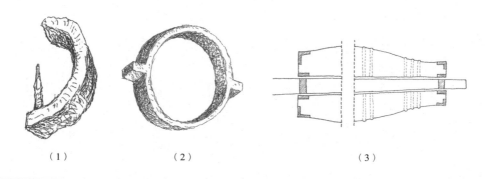

（1）　　　　　　　　（2）　　　　　　　　（3）

图2-81　（1）铁釭（河北易县燕下都出土）（2）铁𫓧（河南洛阳老城中州路出土）（3）釭、𫓧装配示意图

为轼上向前伸出三至五根折成弯角的细木，下端与前横轵、轸木相接，形成轼前半个斜屋面形的框架，在斜面上有时还横向捆扎两根宽皮带（图2-82），这一框架应是用来蒙覆袆（布帛）或鞔（皮革）的，如山东临淄淄河店及后李，山西太原金胜村，湖北江陵九店、宜城等地出土的车。同时，将车厢三面或四面均封闭的车也频频出现，甚至有的连车门都用木板制成，如山西侯马上马墓地1、3号车马坑的1、2号车、河北省平山县中山王礜墓2号车马坑的2号车（参见图2-52、图2-69、图2-71）。不过，有的车厢板是用皮条捆绑在车輢外侧的，必要时可以把它取下，由此联想到湖北江陵九店的车，两輢外侧的铜壁插很可能也是用来安插车厢板的。

春秋战国车在舆輢的材料选用、制造技术上也有显著进步。车轼多选用很粗的整料，有时是粗藤，两头揉弯后插入轸木，前后靠横轵来支撑，既稳固又结实。四面舆輢则用很细的藤条或木料制成很小的网格状拦板，轵轛间的榫卯、绑扎方法既科学又美观（图2-83），这种舆輢与商周的相比不仅坚固耐用，重量也有所减轻。

车轮的设计制造技术也有新的突破。如河南辉县发现的一种轮辐偏斜、中间凹陷（从侧面看）的浅盆状的车轮就很有特点。这样的装辐法在《考工记》中称为"轮绠"，它的

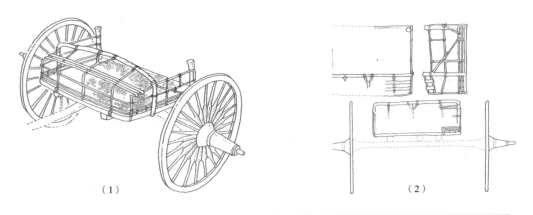

（1） （2）

图2-82 （1）山西太原金胜村晋国赵卿墓车马坑5号车复原草图 （2）太原金胜村5号车正视、俯视、侧视图

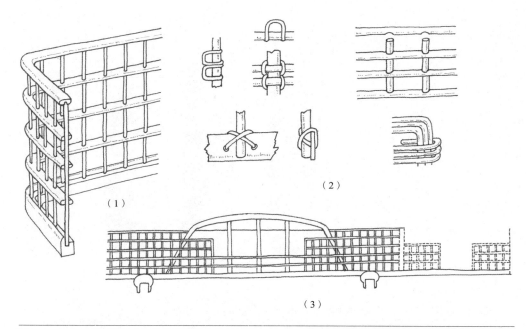

（1）　　　　　　　　　　　（2）

（3）

图2-83　（1）河南三门峡上村岭虢国墓地车车辀结构　（2）湖北宜城车马坑车辀捆扎结构剖析图　（3）山西侯马上马墓地车辀结构展开图

优点是可以在不增加轮轨宽度的情况下却能加宽车的底基，以保证车行时更平稳，同时，行车时轮向轴内倾，不会出现轮逸脱的情况，特别是在道路不平、车速又快、车身易出现倾斜时，轮绠更能起到避免翻车的调节作用。这是一种符合力学原理的车辐装置法，只是这种绠轮的榫、菑、蚤的加工技术要求很高且很费时，所以很少见到，欧洲迟至1420—1430年间才使用这种装置方法（图2-84）。此外，两条轮牙的相接处这时开始用铜镍（有时是两块铜片，有时是铜箍）进行加固，这种铜镍在金文中称"金豪"。轮牙的三面，不仅着地的一面鼓凸，有时内外侧面也都微鼓，剖面如同秦陵两辆铜车的轮。

　　使用车伞盖这时也普遍起来，伞架在结构上与现代的伞已无甚区别。河南信阳与湖北江陵天星观楚墓出土的两柄基本完整的木伞架可作典型。伞柄的顶端是膨大的圆柱状伞盖顶，古时称"部"或"保斗""盖斗"，周围凿有20个长方孔，孔用来容纳盖弓的方榫。

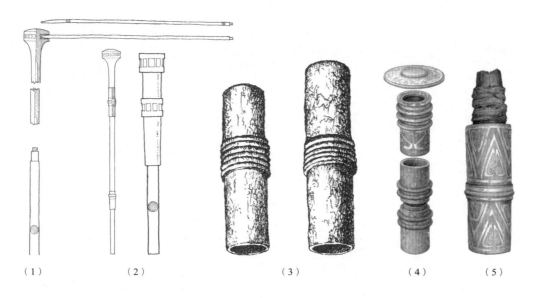

图2-84 （1）河南信阳1号楚墓出土木伞架 （2）湖北江陵天星观1号楚墓出土伞柄 （3）—（5）青铜、错金银铜鐏轵、盖斗（（3）河南淮阳出土 （4）河北省平山县中山王礜墓出土 （5）河南洛阳老城中州路出土）

伞柄分成二段或三段，上段的下端收细，下段的上端凿有圆窝，连接时把上段圆榫插入下段圆窝即可。下段的底端有的还开有一横贯伞柄的方孔，以便穿绳把伞柄捆缚于插伞的底座上（图2-85）。

伞盖是古代重要的礼仪用品，帝王重臣为了彰显身份，伞盖总是寸步不离左右的。《周礼·夏官·道右》中就说，"王式（轼）则下前马，王下则以盖从"，《周礼·春官·巾车》又说，"及葬，执伞盖从车持旌"。另外，车行驰道上突遇大风或战事，都要立即撤去车盖，这就是伞柄分成几段的主要原因。河南信阳楚墓的伞柄接插部是木结构，比较考究、级别较高的车上这段结构全用铜制，铜制的接插件古时称"鐏轵"， 盖斗有时也用铜制，如洛阳老城中州路、平山中山王礜墓出土的，上面都有华丽的错金银纹饰，有的还用纯金银制成，参见图2-84（3）—（5）。

支撑圆形伞盖面的是盖弓，盖弓一般用竹或木条制成，一头方一头圆，方头插于盖斗

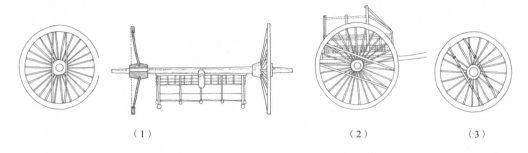

图2-85 （1）河南辉县16号车轮绠正、侧视图 （2）湖北宜城4号车车轮上的夹辅 （3）山东临淄淄河店1号车轮上的夹辅，图中可以看出两根夹辅是用绳索捆在辐条上的（夹辅：车轮辐条外两根平行的支撑木条，过去一直认为是加固车轮、增强车辐的负载能力。渠川福先生作了大量研究调查，特别是看到淄河店1号车轮的夹辅后认为，这只是新车轮组装胶合后为防变形而设的固定拉杆）

榫内，圆头稍收，上套铜质盖弓帽。盖弓帽造型各异，近中部有突起的小钩，小钩用于勾勒细竹弯成的伞面大圈。圈上先用绳作网编成伞面框架，再覆以布帛并把周边缝缀于大圈上使其绷紧，最后髹漆、画上花纹。洛阳老城中州路战国车的伞盖就是这样制成的。这种伞应是不能自由开合的伞，至于是否有可以收拢的用另一种方法制作的伞，目前还没有发现证明材料，从理论上说应该是有的，不然当需要突然撤去车盖时除了丢弃外，很难有其他办法随车携带（图2-86）。

春秋战国的车虽然车毂上的铜加固件比周代减少许多，但车厢上的饰件却有所增加，在车軨两侧，商周时期经常用的方形角柱头这时改成一种弯钩形铜饰，这种铜饰曾被错认为是秦代之后才常用的"较"。这种铜饰最早发现于河南辉县，以后河南淮阳也出土了几件，而以上马墓地出土的两件最精致，正是这两件实物证实了这种钩形铜饰的真正用途。发现时它们在2号车马坑5号车的车门立柱旁，宽而有榫的一头纳于轸木上，细而有圆銎的一头呈水平与軨侧輢柱相接，根据其所处高度，很可能是上车时做拉手用的（图2-87）。舆軨四边的立柱也开始装青铜柱头，柱头的造型与车衡上的衡饰、车軛上的軛首、軛鞘饰、軥首上的辕饰等造型一样千变万化。并且频频使用错金银、鎏金工艺，精美绝伦，是

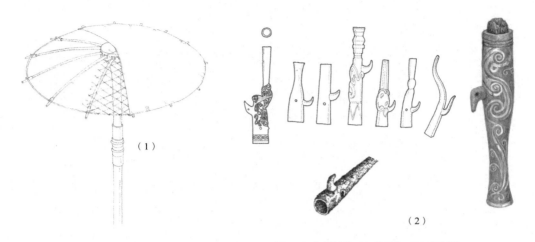

（1）

（2）

图2-86 （1）车伞盖制作示意图（2）各地出土的青铜、错金银铜盖弓帽

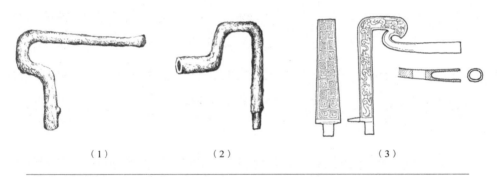

（1）　　　　　　（2）　　　　　　　　　（3）

图2-87 青铜车軎饰 （（1）河南浚县辛村出土 （2）河南淮阳出土 （3）山西侯马上马墓地出土）

古代工艺美术的精品（图2-88）。

　　与精美的铜饰相匹配的是车的髹漆彩绘。好几座车马坑的发掘报告中都一致提到，刚出土的车漆皮"漆色如新"，山西曲沃晋侯墓地1号车马坑的21号车舆后门的彩绘，红底，绿、黑纹饰，河北平山中山王𰉦墓1号车马坑发现的漆皮"赭地朱红彩饰……饰朱红云纹"。甘肃张家川马家塬戎王墓的车舆板上，也是用黑、红、蓝三色油漆绘出饕餮纹、

龙纹和卷云纹饰。河南洛阳老城中州路出土的伞盖"表髹黑漆，里髹朱漆……黑漆上绘上由红、白、黄、绿、蓝诸色组成的多彩图案"。 山东临淄淄河店2号墓出土的车上，在粗细不等的舆轮上，用蓝、白、朱、绿等色绘出环形、十字形纹饰，看上去很是别致（参见图2-75（1））。而枣阳郭家庙曾国墓地1号车马坑的3号车，车轮和车毂表面在深棕色底漆上用朱红色漆彩绘的图案，不仅静止时美轮美奂，若车行驶起来，随着车轮的转动，还能展现出纹饰特殊的流动美感（图2-89）。

（1）

（2）

（3）

（4）

（5）　　　　（6）

（7）

（8）

（9）

图2-88　（1）错金银、青铜辕饰（河南辉县、淮阳出土）　（2）错金银、青铜车軎（河南洛阳老城中州路、湖北随县、河北平山中山王䁒墓、河南淮阳出土）　（3）错金银、青铜角柱饰（河北平山中山王䁒墓、河南淮阳、河南辉县出土）　（4）错银承弓器（河南洛阳中州路出土）　（5）铜环（河南洛阳老城中州路出土）　（6）错金银衡饰（河南淮阳出土）　（7）错金铜轴饰（湖北江陵九店出土）　（8）错银铜輢（河北平山中山王䁒墓出土）　（9）青铜合页（湖北随县出土）

图2-89　河北枣阳郭家庙曾国墓地1号车马坑3号车复原图（车軎、衡饰、轭首饰等取自同车马坑其他车）

叁·先秦独辀车的
类型与用途

上文介绍的60余座车马坑，出土的百余辆古车已很全面地展示了先秦时代车的概貌与发展过程。自从独辀车成为统治阶层身份地位的标志，成为国家礼乐制度的重要组成部分后，便趋向类型多样化、用途专门化。随着社会生产力的提高，手工业技术的不断进步，这一倾向日益显著。对此有关的文献记载也很丰富，作为儒家经典之一的《周礼》多处涉及先秦时期的车舆制度，其中所描述的各类车的用途与特征已成为今天研究考古材料及有关问题的主要参考和依据；其他如《礼记》《毛诗》等也有不少这方面的记述。可是这些典籍多文字晦涩，内容深奥，而汉代以降历代大儒又反复注解，他们往往根据自己生活时代的见闻去阐释过去时代的事物，结果越解释矛盾越多，以至历代学术讼争不断，流弊至今。虽然如此，在一些主要问题上观点还是较一致的。

概括考古发现与文献记载，先秦车的类型基本上可分为乘车、兵车和栈车三大类。

先秦车的类型 {
乘车：玉路、金路、象路、夏篆、夏缦、墨车、贵妇用车等
兵车：革路、广车、阙车、苹车、轻车、木路、备车等
栈车：栈车、役车等
}

第一类乘车。因车主的品爵高低而有多种等级，最高等级为路，后世又称"辂"。据《周礼·春官·巾车》载，"王之五路"有玉路、金路、象路、革路、木路。前三种为乘车。

玉路，"以祀"，是天子参加国家祭典等重要政治活动时所乘坐的；

金路，"以宾，同姓以封"，为天子会宴宾客、封赐同姓时所用的；

象路，"以朝，异姓以封"，为天子上朝、燕行出入和封赐异姓时使用的。

三种车的名称都源于装饰车的"诸末"（指车衡两端、辀首、车轭首、軥，有时还包括轸柱）的材料，这三种车中，后两种可以在先秦车马坑的发掘材料中找到原型。

符合金路车特征的是河北平山中山𰣍墓2号车马坑的2号车，这辆车的衡饰是两件纯金制成的龙首（图3-1），车轭的轭首饰、轭軥饰也都是金制，车衡上的蚁𧌒是银制，但在顶部

也镶嵌了一条金带，而车軎、车盖上的饰件全都是错金银纹饰，正符合《周礼·春官·巾车》所云："金路，以金饰诸末……有钩（軥），亦以金为之。"可以说是一辆比较典型的金路车（参见图2-67）。

具有象路车特征的车比较多，如河北平山中山瞾墓2号车马坑1号车和山西侯马上马墓地1号车马坑1号车的两辆车，车衡两端都套有骨质的衡饰，上马墓地1号车的车衡上位于軥首两侧还垂挂有骨质饰件，车轭首也为骨饰（参见图2-58），这与《周礼·春官·巾车》所云"以象饰诸末"也有相符之处。其余如河南辉县、淮阳等地出土的很多骨制衡饰、轭首饰、轭軥饰等，都应属于这几座车马坑里的象路车的饰件（图3-2）。

路车以下依次为夏篆、夏缦、墨车，低等的为栈车、役车。《周礼·春官·巾车》曰："服车五乘，孤乘夏篆、卿乘夏缦、大夫乘墨车、士乘栈车、庶人乘役车"。"服车，服事者之车"，相当于现在的公务人员用于公事的车。这五种车中，前三种为乘车；后两种属于既载人又

图3-1　河北平山中山瞾墓2号车马坑出土金龙首衡饰

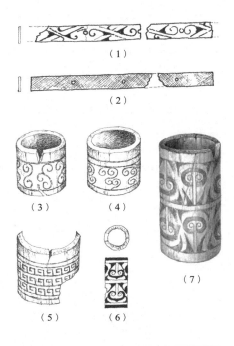

图3-2　（1）（2）河北平山中山瞾墓2号车马坑出土车舆条形骨饰片　（3）—（5）河南辉县战国车马坑出土骨轭首饰　（6）河北平山中山瞾墓2号车马坑出土骨衡饰　（7）河南淮阳马鞍冢2号车马坑出土骨衡饰（骨饰上的花纹有用火灼，如辉县的实物；有用赫漆彩绘，如中山瞾墓与淮阳的实物）

装货的两用车。"孤"在东周时期为诸侯国君的自称，《礼记·玉藻》曰："小国之君曰孤。"篆在前文介绍车毂加固新方法时已作说明，是以胶筋缠裹的毂约。

那么，何为夏篆、夏缦、墨车呢?

夏篆，是有漆成红色的、有篆的车毂的车;

夏缦，亦漆成红色并有彩绘，但毂上无篆;

墨车，既无篆又无彩绘，仅髹黑漆而已。

符合这些特征的车在东周时期的发掘材料中很多，比较全面、典型的首推太原金胜村赵卿墓车马坑的例证。如1号车，这辆车的车厢平面呈椭圆形，车舆用粗细不等的藤条煣编而成，十分精致、美观，在两輢、车軨的外侧还装有可以插装饰物的圆筒，车䡊旁有可作大旗基座的粗立柱，车毂上有五道篆。在这个车马坑内所有的车中，这辆车显得最华贵、气派，很可能它就是墓主人赵鞅的乘舆——夏篆（图3-3）。以赵鞅之身份，如按《周礼》的规定当无权乘坐夏篆，但他父子长期执政晋国，已成为实际的晋君，所以他僭乘君车当属意料中事。

符合赵鞅身份的其他乘车在殉车中应是4号和9号车，这两辆车无篆，都有加宽的车輢横轵车厢大小也很接近，无论从哪一方面看都应属同一种车，4号车处于正车一排，9号车在副车之列（有关副车问题见后文），正车装饰高于副车亦属当然（图3-4）。在4号车

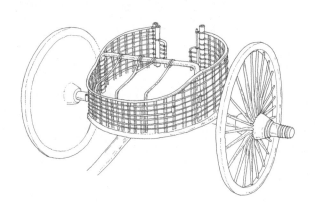

图3-3　山西太原金胜村晋国赵卿墓车马坑1号车复原草图

左侧车輢之下有两个与1号车上相同的圆筒，或许这两个圆筒的作用与1号车不同，但与江陵九店车輢上的壁插相同，是用来插车輢厢板的（如果是插旌旗之类的装饰物，理应把圆筒装到没有宽车輢的一面去，否则加宽的车輢会妨碍旗杆插入）。在春秋战国时，车舆的左侧一般是车主之位，所以4号、9号车左面都有加宽的车輢，以便坐乘时倚靠搁手之用。又，4号车为车主常用车，增加一侧挡板以防泥土溅起时沾污车主服饰也是很有可能的。除山西太原金胜村的材料之外，山东临淄淄河店二号墓殉车中也有一辆车輢有彩绘的车，当亦属夏缦之列（参见图2-75（1））。

从理论上讲，墨车车型应与缦车差不多，只是装饰更简单些。为什么在发掘材料中比较少见?原因可能在于：一是还没有发现大夫级的墓葬中有随葬的车马；二是在几座集中各种车辆的大型车马坑内虽然有墨车，但因漆色褪尽而无法分辨了。

属于乘车之列的还包括贵族妇女用车。

《周礼·春宫·巾车》中有王后乘车五路：重翟、厌翟、安车、翟车、辇车。前四种"皆有容盖"，即都有封闭型的车厢。由于先秦时期王后陵寝未发现有随葬车马的记录，故考证重翟、厌翟、翟车等的车制就很困难，只是在河南淮阳车马坑中发现几辆安车（参见图2-68（1））有此可能。

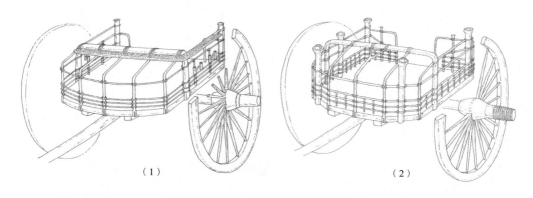

（1）　　　　　　　　　　　　　　　　（2）

图3-4 （1）山西太原金胜村晋国赵卿墓车马坑4号车 （2）9号车复原草图

早期安车可能属妇女专用，后来因乘坐舒适（可躺卧），又安全（有隐蔽性），所以帝王也开始使用。

辇车在陕西陇县边家庄5号春秋墓中出土一辆，这辆车外形与独辀车无异，只是尺寸较小，车厢广70厘米，进深60厘米，车轵最高处为30厘米，无车轼，轮轨宽114厘米，轮径115厘米，每个轮有16根车辐，车辀长182厘米，衡木长88厘米，无轭，在衡木两侧各有一彩绘木俑，以象征用人力挽车（图3-5、图3-6）。[45]这种辇车在宋代时还使用，李唐的

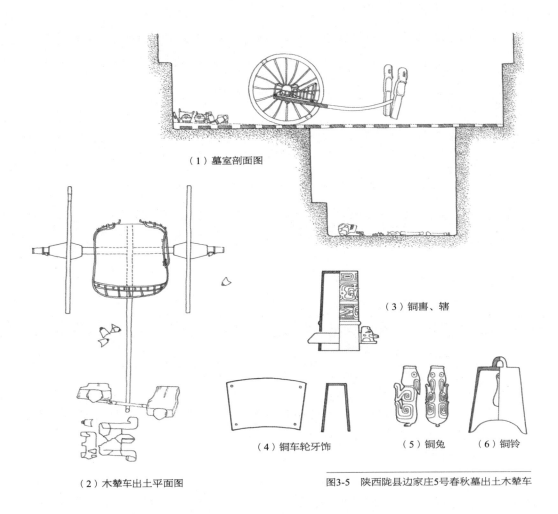

（1）墓室剖面图

（3）铜軎、辖

（4）铜车轮牙饰

（5）铜兔

（6）铜铃

（2）木辇车出土平面图

图3-5　陕西陇县边家庄5号春秋墓出土木辇车

木辇车出土平面图

图3-6 陕西陇县边家庄5号春秋木辇车复原图

《文姬归汉图》中就出现过（图3-7），其外形与陕西陇县的辇车很接近。

关于辇车，《说文解字》曰："辇，挽车也，从车，从夫，在车前引之也。"从结构上看，先秦时期的车与辇并没有多大的差别，"驾马曰车，驾人曰辇"，[46]区别主要在于用人力还是用畜力。由此联想到河南淮阳和辉县的车马坑中都有尺寸很小，认为可能是儿童游戏用的小车（参见图2-68（4）），实际上很可能是辇车。魏晋以后辇车多把双轮去掉，改成由人抬着步行，称作"步辇"。步辇属帝后专用，已不再具备车的性质，不能再称为辇车（图3-8），所以本书以后的章节不再涉及。

第二类兵车。它的典型材料也较多。先秦兵车中最高等级也是路，即"王之五路"中的"革路"。革路之下有广车、阙车、苹车、轻车，古时称"五戎"。

革路，古代帝王所乘的一种兵车。覆之以革，无他饰，用于作战或巡视诸侯国土或四境。革路有时还作为帝王出行的前导车。河南洛阳中州路的M19车马坑中就是这种性

图3-7　李唐《文姬归汉图》中的木辇车

图3-8 山西大同北魏墓出土的木漆画上的步辇

质的兵车，这辆车与秦始皇陵1号铜车很相似，都有车盖，有错金银铜弓弩与承弓器，也都是驷马战车。河北平山中山罍墓2号车马坑中的3号、4号车，车輈两侧安有指挥作战用的铙，这两辆车中必有一为革路。太原金胜村晋国赵卿墓车马坑中，3号、8号车"用材肥硕，车身宽敞，车毂有深篆并经胶筋加固，帆前有设置金鼓的立柱，舆后有建旌（帅旗）的旗座，具备了作为指挥车的必要条件"，[42]完全符合革路的要求（图3-9）。

广车，是一种车厢左右宽，进深浅的车。这种车在春秋之前比较普遍，如安阳孝民屯南地M7号商车，长安张家坡168号

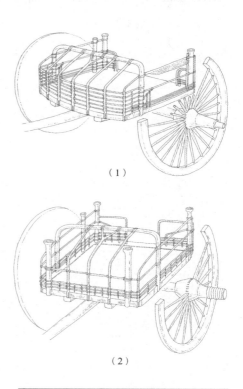

（1）

（2）

图3-9 （1）山西太原金胜村晋国赵卿墓车马坑3号车 （2）8号车复原草图

车马坑1号车、宝鸡茹家庄BRCH3号车马坑1号车，山东胶县西庵车，以及河南辉县、三门峡上村岭虢国墓地、湖北宜城等地的车马坑中都有这一类型的车。

阙车，顾名思义是在战争中用于堵塞防线缺口的车。《武经总要》插图中有一种宋代的塞门刀车（图3-10），不知与阙车有无关联，塞门刀车肯定是人力推车，而阙车似应属于畜力车。可惜目前很难想象阙车的面目，也无法从考古材料中找到合适的比照对象。

苹车，一种防御性战车，《周礼·春官·车仆》郑玄注曰："苹，犹屏也，所用对敌自蔽隐之车也"。根据这一解释很自然会与山西侯马上马墓地3号车马坑中2号车、山西曲沃晋侯墓地1号车马坑的11号车、河南淮阳2号车马坑中的4号车联系起来。侯马上马墓地的车车厢四面都绑有木板，车门也用木板制成，用合页开启（参见图2-59），而河南淮阳的4号车、山西曲沃的11号车车厢的三面全都披挂上铜甲板（轼前为木板和皮革。参见图2-69），这样装备起来的车车身自重必然增加，与作战所需求的快速、轻便必然有悖，但如作为屏障，应是很合适的，所以这几辆车可能都属于苹车。苹车有时又称革车，很可能车厢更多是用皮革蒙覆的。

轻车，又称驰车、攻车，即用于攻击的战车，车身轻，速度快。《周礼·春官·车仆》郑玄注曰："所用驰敌致师之车也。"这种车的原型最多，如湖北宜城的4号车、河南辉县的1号车、三门峡上村岭的3号车，以及山东临淄后李车马坑、临淄淄河店2号墓殉车中也都有这种兵车，甚至在广车中有一部分可能亦属轻车（参见图2-71、图2-73、图2-75（1））。

图3-10　宋代塞门刀车（《武经总要》插图）

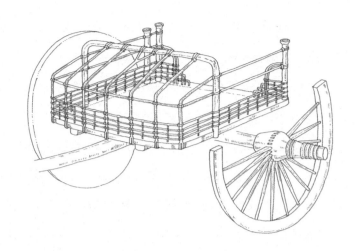

图3-11　山西太原金胜村晋国赵卿墓车马坑7号车复原草图

隶属于兵车的还包括畋猎之车。君王诸侯的畋猎车称"木路"，畋猎车可能在结构坚固的程度上略逊于兵车，但在装饰等其他方面应是相同的。畋猎车较为显著的特征是车厢小。狩猎不同于战争，车主无须车右保护，因此车上的乘员一般只有二人（一人驾车）。安阳大司空村的M175号车（参见图2-3）、长安张家坡的35号车（参见图2-27）、宝鸡茹家庄BRCH3号车马坑的3号车（参见图2-32）、河南淮阳2号车马坑的7号车（参见图2-68（3）），以及太原金胜村赵卿墓车马坑的7号车（参见图3-11）都属这类车，这类车如用于战斗，应是作为轻车或是主将的副车。

战国时期由于制车业发达，贵族用车都有备用车，或称副车。副车又称贰车、佐车、从车、属车、倅车。

我们观察几座大型车马坑会发现（如河南辉县、河北平山中山礨墓与河南淮阳1、2号车马坑），这分为两排（或两座）的车中有部分是副车（甚至达半数）。最明显的是赵卿墓车马坑，形制基本相同，成双成对的车出现好几组，如前文提及的夏缦（4号、9号车）、戎路（3号、8号车）、畋猎车（2号、7号车）。

副车最直接的目的是为了应急。不管制造技术如何高明，木车总是容易折毁。车行途中特别是作战的时候，如果坐车突然毁坏，没有备用的车就会发生麻烦或危险，因此出行时副车相随在当时来说是必不可少的。

第三类栈车。属于随从人员乘坐的车，包括栈车和役车，《周礼·春官·巾车》曰："士乘栈车，庶人乘役车。"郑玄注："栈车，不革挽而漆之。役车，方箱，可载任器以共役。"又，《诗·小雅·何草不黄》："有栈之车，行彼周道。"毛传云："栈车，役车也。"

很明显，这是一种车厢面积较大，既可载人又可载物的两用车，山东临淄古车博物馆复原了田齐王陵殉车中的一辆栈车（参见图2-75（2）），车厢竖长方形，车輢为方形木柱，结构简陋，无车轼，舆底用细竹铺设。河南辉县车马坑的18号车，山东临淄后李车马坑的大型车厢的车都与它很相近，可能都是栈车。栈车在当时的数量应该不会少，只是级别较低，很少作为殉车随葬，所以现在在发掘中就比较罕见了。

肆·先秦的马具、马饰与独辀车的驾挽方法

中国古代的马具起源于何时，目前尚无定论。但在殷周时期马具就已大体完备，至春秋初期，马具已发展得十分成熟了。

早期的马具用于挽车，整套马具分为两大类，一是鞁具，一是挽具。

鞁具，用于控制马首，通过鞁具来制约、指挥马驾车。

挽具，用于负车、拽车，通过挽具使马与车连为一体。

古代的马具不仅具有实用性，而且具有装饰性，还有一些纯为装饰的部件则因车主的身份贵贱、爵位高低而有所增减。

为了有效地控驭马，使它能按人的意志驾车或从事其他工作，我们的祖先发明了制约马的鞁具。原始的鞁具主要是网络马首的辔头，也称"羁"，《说文解字》说，"羁，马落头也"，所以又称"络头"。络头的结构，在马用于驾车时起就已经比较成熟了。

商和西周的殉马，都是按照生前模样装备齐全下葬的，很多马具马饰发现时都处于原先的状态。以1950年在安阳武官村大墓北墓道中发现的络头为例，早期的络头由额带、颊带、鼻带、咽带组成，各带都用皮条制成，带上串套着青铜泡饰，两带交叉处用一种十字形的被称为"节约"的铜饰件串联。额带的中央，位于马两眼之间的脑门部位饰有一枚较大的荷包形的大铜泡，这枚铜泡就是后来被称为"当卢"的饰件原型。在马的嘴角处，即颊带、鼻带、咽带的交叉处，有一枚四环相连的铜泡将这三根带串缀住，控制马首的辔绳，即现代所称的缰绳，也系在它上面，这枚四联环铜泡即是后来的"镳"的原形。与此相类似的马辔头在安阳孝民屯、郭家庄等多处车马坑都发现过，但当卢与镳的形象已有了变化。当卢变成直径很大的（七厘米左右）圆形铜泡或蚌泡，镳则呈方形，顶部和中部有孔，孔的上下各凸起一中空的三角形梭，可以穿皮条或绳索，这种形象的马镳使用时间很长，西周时期的车马坑里经常能见到它。在安阳孝民屯、殷墟西区的马辔头上有时还多了一枚铜饰，这枚铜饰的外形颇像箭簇，簇形饰安装在当卢的下方、鼻带与额带中间纵向的一条皮带底端，这种铜饰在西周时也很流行（图4-1）。

马辔头除了串饰铜泡外，有时还串饰海贝。安阳郭家庄、长安张家坡车马坑内的发

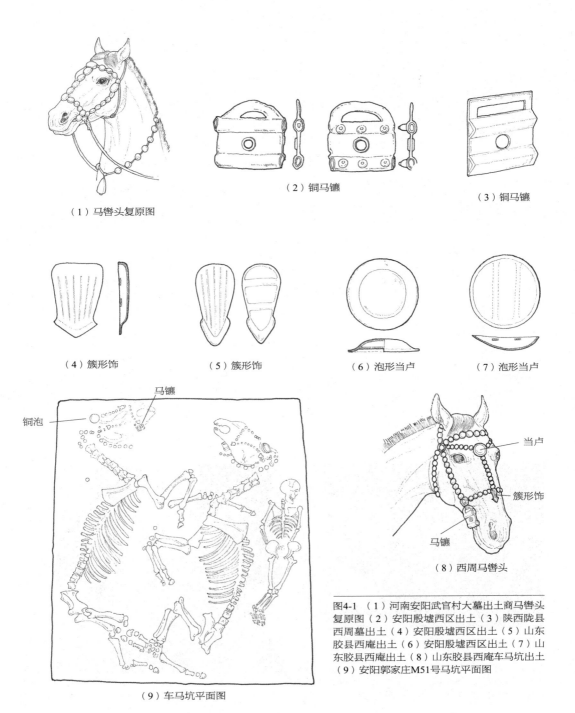

（1）马辔头复原图

（2）铜马镳

（3）铜马镳

（4）簇形饰

（5）簇形饰

（6）泡形当卢

（7）泡形当卢

铜泡

马镳

（9）车马坑平面图

当卢

簇形饰

马镳

（8）西周马辔头

图4-1 （1）河南安阳武官村大墓出土商马辔头复原图（2）安阳殷墟西区出土（3）陕西陇县西周墓出土（4）安阳殷墟西区出土（5）山东胶县西庵出土（6）安阳殷墟西区出土（7）山东胶县西庵出土（8）山东胶县西庵车马坑出土（9）安阳郭家庄M51号马坑平面图

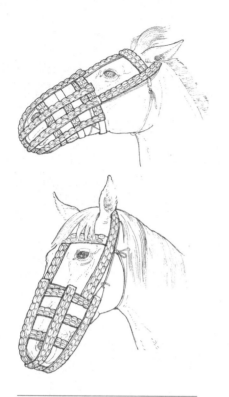

现就很典型（参见图2-7、图2-26）。张家坡的贝饰络头用皮带做框架，不用节约、镳、当卢等饰件，这种络头像一个笼嘴一样套住马口（图4-2）。

2004年在安阳发掘出的一座车马坑、络头和马身其他部位的带饰都是用加工成长方形或椭圆形的蚌片串联成的，显得十分华丽精巧（参见图4-3（1））。

贝饰络头在春秋时仍见使用，山东临淄后李车马坑1号车的两匹服马络头，除了镳为铜质外，其余都是由海贝串成的（参见图4-3（2））。

图4-2　陕西长安张家坡2号车马坑2号车贝饰马络头复原图

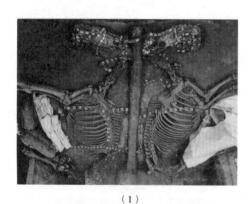

（1）

图4-3　（1）河南安阳殷墟M号车马坑蚌片饰马络头及马身配饰　（2）山东临淄后李车马坑1号车服马贝饰马络头复原模型（山东临淄古车博物馆）

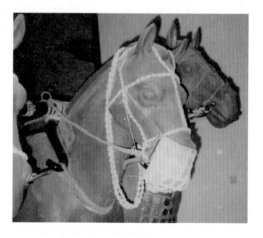

（2）

笼嘴式马辔头有时又分为两层，里层是用皮革串铜泡组成的络头；外层是用皮条编成的笼嘴，笼嘴成网状，十字相交处有铜节约串联，在笼嘴正面，下起马口，上至双目中间眉心处，装有大小两件上端兽面、下端微弯的钩形铜饰，大的在上，小的在下，这种钩形饰称"鉤"。《周礼·春官·巾车》曰："金路，鉤、樊缨九就。"郑玄注："鉤，娄颔之鉤也。"《公羊传·昭公二十五年》："牛马维娄。"何休注："系马曰维，系牛曰娄。"维、娄仅是区别系马或系牛的不同称谓，泛言则可通用。颔是口腔上下的统称，也称为"颔"。《方言》曰："颔，颔也。南楚谓之颔。""娄颔之鉤"，即系在马嘴上下的曲钩。以铜鉤竖贯马口，肯定是用来制止马撕咬或摄食的（图4-4）。山东临淄后李车马坑1号车的马辔头则采用了另一种方法，即在络头的颊带上垂吊一块饰有海贝的皮革，需要时可以用它罩住马嘴，这同样能起到鉤和笼嘴的作用（参见图4-3）。

对于性情暴烈的马，仅有络头、笼嘴

图4-4　陕西长安张家坡2号车马坑1号车有"鉤"的马笼嘴复原模型（山东临淄古车博物馆）

还是较难驾驭的，必须勒住比较敏感的马口，勒马口仅有马镳还不行，还要加上"衔"才能奏效。

最早发现的马衔是20世纪30年代在安阳出土的，为玉质。1981年在殷墟西区发现了两件青铜马衔，由两节"8"字形链环套而成，从出土现场平面图可以看出（参见图2-7（1）），这两件马衔与马镳是不（也不能）连在一起的，属于早期尚不成熟的镳、衔结构。成熟的结构应是：马衔两头的环伸出于马镳外面，镳衔套合成"叀"形，辔绳不系在镳上，而是系在衔伸出镳外的环中。驾驭马时，驭手只需将衔卡入马口，收紧颊带笼住马首，而后或紧或松左右辔绳，即能由辔绳通过马衔将信息传达给马，使马听从指挥。古时候辔绳又称作"攸"，《说文解字》曰："攸，水行也……"一张一弛，两攸如流水，故曰"水"行。这样的镳衔在西周早期出现了。江苏丹徒母子墩、河南平顶山、北京琉璃河等地出土的几套衔镳都是这种结构（图4-5）。关于江苏丹徒母子墩墓的年代有争议，今从发掘报告结论。[47]

装有马衔的辔头被称为"勒"，《说文解字》曰："勒，马头络衔也。"勒是较为先进的鞁具，虽然商代已开始使用，但西周之前仍以络头居多，用勒的很少。

春秋战国时期镳衔的使用已很普遍，式样也变化多端。多数镳衔还能脱卸，不能脱卸的有时也只连一镳，如山西侯马上马墓地出土的一件就是如此。衔的形象变化不大，但其中一节的两环呈横竖方向扭曲，这样两节套在一起后外侧的两个环就处在同一平面上，纠正了商代马衔的缺陷（参见图4-5（1））。另外，还出现了一些特殊的式样，沈阳郑家洼子出土的一件马衔是长长的一根铜圆棍，上面分布了四个环，这种马衔与秦代的有些相似（图4-6）。

铜马镳的式样早在西周时变化就多了起来。先是把商代的那种方形镳上面的方环改为圆环，接着又把整个外形都改成圆形。新出现的式样有的像牛角，有的像蝌蚪，有的成"S"形，有的仿制成木棍。春秋战国时还有用蛇和爬虫做造型的。同时，这一时期还很

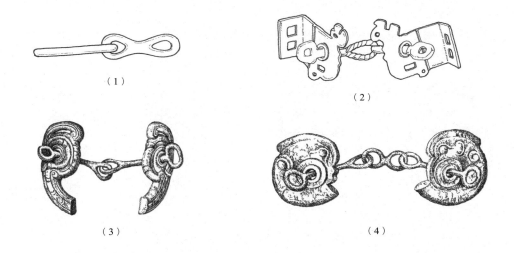

图4-5 商周时期的马衔、马镳 （1）河南安阳殷墟西区出上铜马衔 （2）江苏丹徒出土铜镳、衔 （3）北京琉璃河出土铜镳、衔 （4）河南平顶山市出土铜镳、衔

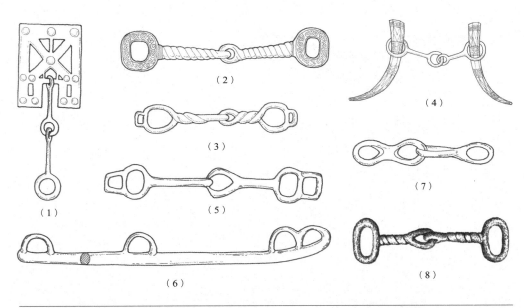

图4-6 各地出土的铜马衔 （1）山西侯马上马墓地出土（连镳）（2）（3）湖北江陵天星观出土 （4）湖北随县出土（连骨镳）（5）（6）沈阳郑家洼子出土 （7）北京琉璃河出土 （8）河南淮阳出土

流行用牛角、鹿角、象牙和兽骨制镳，比较讲究的在镳的表面上还镌刻有细密的花纹，受此风气影响，有的铜镳也仿制成骨镳、角镳的式样（图4-7）。

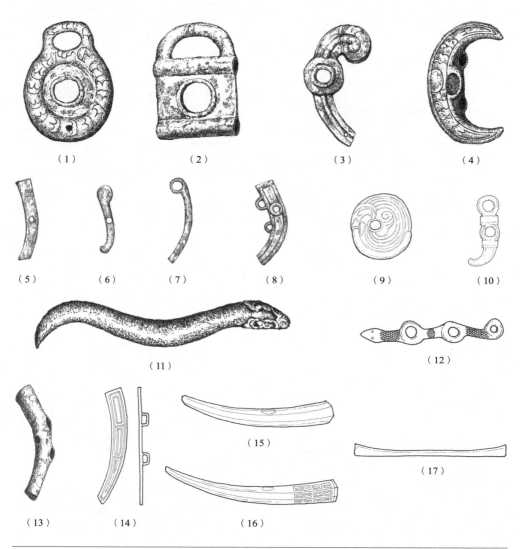

（1）　　　　　（2）　　　　　（3）　　　　　（4）

（5）　　（6）　　（7）　　（8）　　　　（9）　　　　（10）

（11）　　　　　　　　　　（12）

（13）　　（14）　　　（16）　　　　（15）

（17）

图4-7　各地出土的铜、骨、角镳　（1）（2）（3）（4）（13）北京琉璃河出土　（5）（6）（7）（8）河南浚县辛村出土　（9）（10）陕西宝鸡茹家庄出土　（11）河南淮阳出土　（12）辽宁沈阳郑家洼子出土　（14）山西侯马上马墓地出土　（15）河南辉县出土（骨）　（16）山西太原金胜村出土（角）　（17）河南淮阳出土（骨）

马辔头上的当卢是一件很醒目的装饰品。商代流行的圆形大泡到西周时上端伸出了一对牛角，下端变成了一方形牛口，成为似是而非的牛头形铜饰。这种牛头形当卢变化极多，使用的地区也很广泛，北京琉璃河出土的一种圆泡的上下部分拉得很长。还有一种上端是一兽面，下端有的也有小兽面，中间是起棱的长形板。陕西陇县出土的一件整个是一长方形铜条，顶端向外折弯。春秋战国时期又重新流行圆形当卢，但已不再是素面，而在表面铸上花纹。北方地区还流行一种鲩鱼形象的当卢甚是特别（图4-8）。其余如辔头各种带交叉处的节约，套在皮带上的铜饰等也像当卢一样千奇百怪、造型各异。

总之，马辔头的整个装饰在先秦时期是非常讲究的（图4-9）。

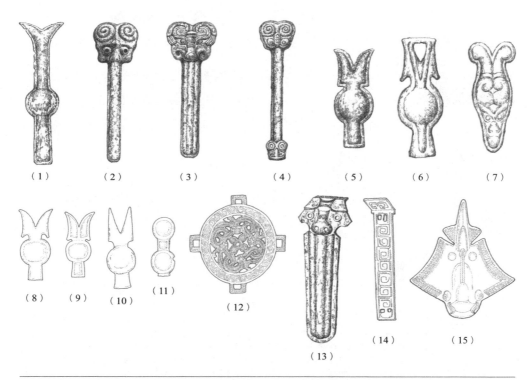

（1）　（2）　（3）　（4）　（5）　（6）　（7）

（8）　（9）　（10）　（11）　（12）　（13）　（14）　（15）

图4-8　各地出土的当卢　（1）—（5）北京琉璃河出土　（6）（7）陕西宝鸡茹家庄出土　（8）（9）河南洛阳老城出土　（10）（14）陕西陇县出土　（11）甘肃灵台白草坡出土　（12）河南辉县出土　（13）辽宁朝阳魏家营子出土　（15）辽宁六官营子出土

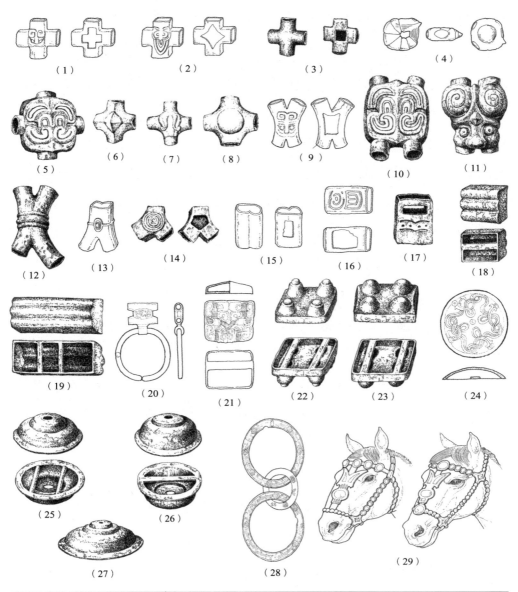

图4-9 （1）—（28）各地出土的青铜、金辔饰 （29）甘肃灵台白草坡西周墓出土辔饰复原图 （1）—（8）铜节约 （1）（2）江苏丹徒磨盘敦出土 （3）河南淮阳出土 （4）辽宁沈阳郑家洼子出土 （5）北京琉璃河出土 （6）甘肃灵台白草坡出土 （7）山东胶县西庵出土 （8）河南三门峡上村岭出土 （9）—（12）四通辔饰 （9）江苏丹徒磨盘敦出土 （10）—（12）北京琉璃河出土 （13）（14）三通辔饰 （15）—（19）辔饰 （15）（16）江苏丹徒磨盘敦出土 （17）北京琉璃河出土 （18）（19）河南平顶山出土 （20）双通衔环节约（金）（河南凤阳马家庄出土） （21）—（23）方泡辔带饰 （21）（金）河南凤阳马家庄出土 （22）（23）辽宁朝阳魏家营子出土 （24）—（27）圆泡辔带饰 （24）（金）河南凤阳马家庄出土（25）辽宁朝阳魏家营子出土（26）（27）河南平顶山出土 （28）错金银三连环（河北平山中山謈墓出土））

西周时期在马头上还经常使用纯属饰品的马冠。这种马冠20世纪30年代于河南浚县辛村19号墓中出土了十多件，以后在长安张家坡2号车马坑又出土了四件，均为兽面纹饰。这些马冠分为两种，一种铸成一整片，另一种目、鼻、眉、口、耳分铸（图4-10）。它的使用方法应是先把铜饰钉缀在皮革制成的背衬上，背衬像一个皮套一样套在马的两耳上并用带系住（参见图4-4）。马冠古名"錣""金錣"，蔡邕《独断》卷下曰："金錣者，马冠也，高广各五寸，上如玉华形，在马髦前方。"又可称为钖，《周礼·春官·巾车》："王之五路，一曰玉路，钖、樊缨、十有再就……王后之五路，重翟、钖面朱总。"钖只有王、诸侯才能使用，所以在西周墓葬中很少见到。到了西周末期马冠已渐废不用了。

前面引文中的樊缨亦是一种装饰性马具。蔡邕《独断》卷下曰："繁缨在马膺（胸）前，如索裙者是也。"繁缨即樊缨。这种樊缨的底座在河南信阳1号楚墓出土了两件，是用木材雕刻而成的，表面髹红、黑色漆，纹饰部分贴有金叶，兽面底座的上部是一短圆

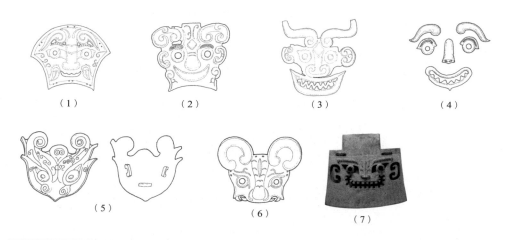

（1）　　　　　　（2）　　　　　　（3）　　　　　　（4）

（5）　　　　　　　　　　　（6）　　　　　　（7）

图4-10　（1）—（6）青铜马冠　（（1）陕西长安张家坡出土　（2）—（4）河南浚县辛村出土　（5）江苏丹徒出土　（6）陕西宝鸡竹园沟出土）　（7）商代人面铜钺（六件马冠饰中，只有后两件可称兽面纹，前四件与商代人面钺纹很接近）

柱，柱顶端有小孔，出土时有的小孔内还残留有朽麻，可见这两件樊缨是用麻做成的。

还有一种与樊缨相类似，是戴在马头顶上的缨饰，称作"纛"。据蔡邕《独断》卷下记载："凡乘舆、车皆羽盖……左纛、金毁……左纛者，以牦牛尾为之，大如斗，在最后左騑马𩣡上。"纛饰的底座 在沈阳郑家洼子战国墓出土了四件，均为铜质，外形像喇叭，所以发掘报告称之为"喇叭形器"，长长的铜管上是镂空的三角几何纹饰，喇叭口的内面有四个纽，可以穿带系结在马头顶的络头带上（图 4-11）。

樊缨、纛是诸侯、王的马匹才能使用的装饰品。

挽具主要由颈靷、靼、鞧、盘、缰、纷等带组成，整体而论还应包括车轭，但是轭在先秦的独辀车上是与衡连在一起的，故在介绍车时已把轭包括在内了。

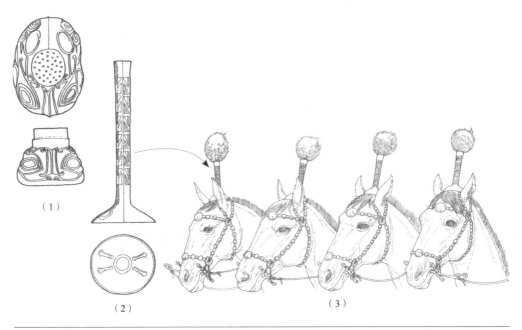

图4-11 （1）河南信阳出土樊缨底座 （2）辽宁沈阳郑家洼子出土纛饰底座 （3）辽宁沈阳郑家洼子战国墓出土辔饰复原图

颈靼，指套在马颈或马腹上的皮带。《说文解字》释为"柔革也"，它是在车轭架入服马颈后，用于缚结轭的双脚，固定车轭的皮带，是连接车与马的关键挽具，所以至关重要。颈靼又名"靾"，《释名·释车》曰："靾，婴也，喉下称婴，言缨络之也。"颈靼缚住车轭时横于马颈的部位正好在喉下，《释名》的解释很确切。颈靼缚住轭后马便可以引车前行，世界上最早的车——美索不达米亚的乌尔王陵的战车图上就是这样驾车的，从古埃及到古希腊、波斯帝国和古罗马（公元前1300年至前300多年之间）都是这样驾车的（图4-12）。但是，这种驾车法容易使马的呼吸器官受到压迫，在车快速驰行时会影响马

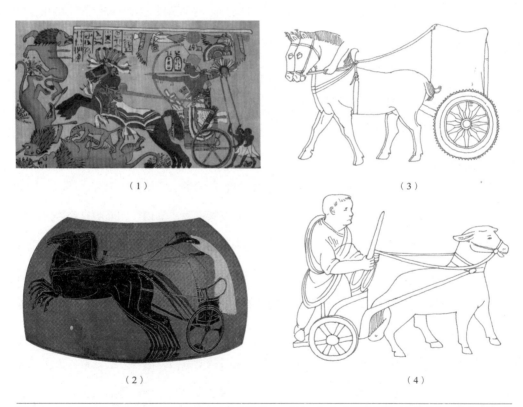

（1）

（2）

（3）

（4）

图4-12　（1）埃及法老图坦卡蒙王及其战车（约公元前1312年）　（2）古希腊花瓶画上的战车（约公元前6世纪末）　（3）波斯阿基米尼王朝柏塞波里斯宫殿浮雕上的车（公元前5世纪）　（4）罗马车（公元3世纪）

力的发挥，所以，中国古代驾车法在使用颈靼后又加了另一件重要的挽具——靷。

靷，即引车前行的皮带。由于一般为皮革制成，因而在车马坑发掘中很难发现，只能根据一些蛛丝马迹，参照秦陵1、2号铜车马，推断先秦的靷可能也是一端有一个大环套，环套套在马颈上，一端系结于车辀或车轴上，如果是两匹马驾车，靷带应缚于车轴上，如果是四匹马驾车，服马的靷带应缚于车辀和车轴上，骖马的靷带应系于车轴上。在靷带环套位于马背部大都有一根小横带，带上系一枚称作"游环"的大铜环，这枚铜环在长安张家坡西周车马坑、洛阳中州路战国车马坑等处都有发现（参见图2-26、图2-65），其作用是以车辀为中心线固定外侧的马辔绳，使之不与其他带纠缠。

鞿带与鞶带是环系于骖、服马腹间的、用途稍异的两件挽具。这两种带的定名在学术界颇有争议，《释名·释车》曰："鞿，经也，横经其腹下也。"《史记·礼书》"鲛鞿弥龙"裴骃集解引徐广曰："鞿者，当马腋之革。"司马贞索隐："鞿，马腹带也。"

根据上述记载，称系于马腹间的宽带为鞿应是正确的，《秦陵二号铜车马》[48]一书中即根据上述观点定名。但杨英杰先生引《说文解字》"鞶，大带也……男子带鞶，女子带丝"及《周礼正义》孙诒让注"人大带谓之鞶，因而马大带亦谓之鞶"等见解，深入分析了两带的作用与系束方法的不同之处，认为骖马腹间的带主要是用来束靷带环套，使之固定于马颈处不移动，它的束法如同人束皮带，所以应称为"鞶带"；而服马腹间的带只是兜过马腹（准确说只是腋下），并不像骖马的带是环围的，这根带的主要作用是防止车舆后部负荷超重时车衡上翘、引起车轭收勒马颈而设的，所以应称为"鞿带"。鞶带、鞿带的痕迹在安阳殷墟商代车马坑和长安张家坡2号车马坑内曾有发现，带上的铜和蚌饰成环形围于马身中部。

缰，古今概念不同，现代所称的缰绳，是指马口两侧系于马镳环外的绳索，古代则称为"辔"，而古代所称的缰特指四马驾车时骖马脖颈上或面向服马一侧的马镳环上系结的一根革带，革带的另一端也缚在衡上，其作用是控制住骖、服马的间距，不让骖马外逸。

在秦代缰的外表通常装饰得十分华丽，但在先秦的发掘材料中则没有发现缰上的饰品。

纷，是拘系马尾的一根绳索。马在驰骋时其尾会自然昂起，如使马尾收拢贴近马臀，马就会条件反射而自行放慢奔跑速度。古车在不发生紧急情况下车速一般不会很快，所以《释名·释车》曰："纷，放也，防其放驰以拘之也。"它的一端系结于马尾的髻上，另一端缚于鞶带或车轭上。唐代之前马尾都结髻，以防沾泥带水。

为了便于更清楚地了解先秦独辀车的驾挽方法，笔者选择较有特点、观赏性强的资料绘成综合复原图供参考（图4-13、图4-14）。

图4-13　西周车综合复原图

图4-14　战国战车综合复原图

伍·秦汉时期的独辀车与双辕车

秦始皇兼并六国，使书同文车同轨，度量衡等各方面的标准归于统一，这些措施对推动社会生产，包括制车业的进一步发展起了积极的作用。

秦汉时期是独辀车向双辕车演变的过渡时期。最早的双辕车模型发现于战国早期的秦墓中，不过这是用牛驾挽的牛车。根据战国中后期的几座秦国车马坑、秦始皇陵兵马俑坑和铜车马坑出土的实物证实，乘车和战车都还是独辀车。这一现象延续到西汉初期，之后突然大量出现双辕马车，发生这一变化是有重要原因的。

在中国古代战争史上，以车战为主的战争形式持续了一千多年。车战对道路及战场的地理条件的高要求极大地限制了战争的灵活性，据说西周的灭亡，车兵不敌犬戎骑兵就是其中的一个重要原因。战国后期兴起的骑兵经过秦始皇统一六国战争的发展，到秦末楚汉战争时已成为军队的主力，曾经风云一时的车兵方阵终为骑兵军团所取代。我们在观摩过秦始皇陵兵马俑和杨家湾西汉兵马俑以后会感受到这种变化。

战争形式改变后，一方面大量的马匹用来装备骑兵军队而不能继续用来驾车；另一方面大量被淘汰下来转为运输的车也需要马匹来驾挽，于是马的供需矛盾在汉初时十分突出。要解决这一问题，不是减少车辆，就是减少驾车的马匹。事实上，经济日趋发展，官僚制度日趋完备，车辆的需要量日趋增加，减少车辆是不现实的，唯一的办法只有改变车的结构，双辕马车正是在这种背景下出现的。

东汉时期马车已全部是双辕的，但双辕马车在出现之初仍保留了很多独辀车的特点。如双辕翘曲，其弧度不小于独辀车，车厢的面积甚至变得如商周车那样小，不仅小而且重新横向发展，但双轮间的轨距，轮舆之间的间距比先秦时期更有所缩小。这些变化与改进可能都与单马驾车有关，车的整体面积缩小对于行车也是有益的。

秦汉时期既是车制的转型期，也是葬俗的一大转变期。秦初，用仿制的偶车马替代实物殉葬的风气逐渐兴起。"偶车"一词见于《汉书·韩延寿传》，颜师古注："偶为土木为之，像真车马之形也。"实际上偶车有土木的，也有铜铸的。以真车马殉葬的制度至西汉晚期被全面废止。因此，通过车马坑发掘获取实用车舆马具的研究材料到西汉武帝时基本结束，在以后的墓葬中不可再得。所以对西汉中期之后车的研究主要局限于外形构造、类型与用途方面，深入程度已无法与先秦时期相比。

秦代车的出土与复原

提起秦代车的发掘，人们马上就会想到秦始皇陵兵马俑。兵马俑1号坑是1974年几个农民在打井时无意中发现的。经过勘察、钻探和试掘，1976年五六月间又在1号坑东侧先后发现了2号、3号坑，从那时起至今30多年来发掘工作一直没有停止。兵马俑坑中规模宏大的军阵未等全部面世已经让全世界感到震惊。根据秦俑考古队的推算，1号坑中有6000余件陶俑，目前已出土战车六辆；[49] 2号坑有1400余件陶俑，战车89辆；[50] 3号坑有68件陶俑，战车一辆（图5-1）。[51]

三座坑出土的车全部是木质的，因遭火烧和俑坑塌陷的破坏，车迹全都零落散乱、残缺不全，只在2号坑内有几辆车的局部结构遗迹尚能辨识，车迹的周围还残留有不少漆皮，漆皮上有花纹，这说明车原都是髹漆彩绘的，可惜这些车都已不能复原了（图5-2）。

20世纪70年代至80年代初是秦代考古的特大丰收年代。继秦始皇兵马俑发现之后，一系列新的重大发现接踵而至：

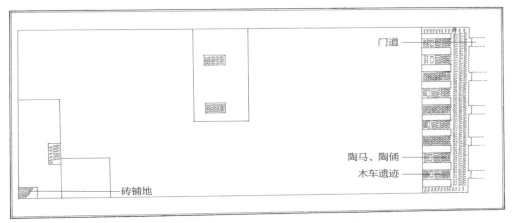

门道

陶马、陶俑

木车遗迹

砖铺地

◁▷ 陶马　○▷ 陶俑（箭头表示俑的面部方向）

图5-1　秦始皇兵马俑

（1）1号坑平面图

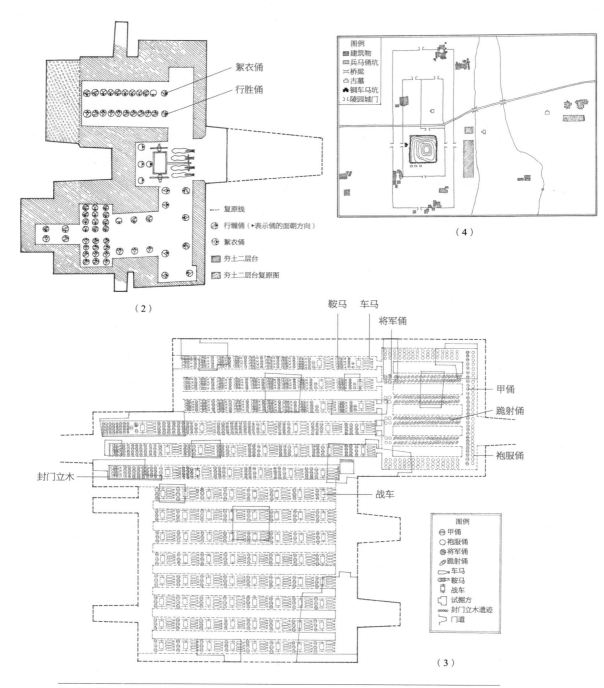

图5-1 （续）（2）2号坑平面图 （3）3号坑平面图 （4）兵马俑坑地理位置图

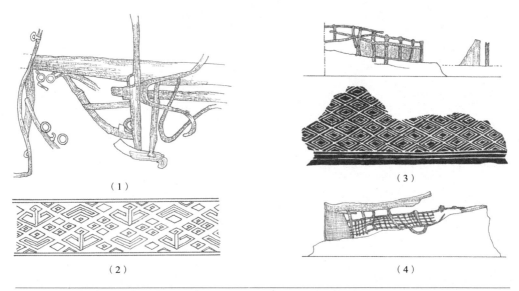

（1）

（2）

（3）

（4）

图5-2 （1）秦始皇兵马俑坑战车局部痕迹与残存的彩绘漆皮，2号俑坑T11号车前马后出土的车轭等痕迹图 （2）2号俑坑T3号车车轼上残存的漆皮图案花纹 （3）2号俑坑T9号车车輢右内侧立柱及漆皮立面图 （4）战车前面车轱正立面图

　　1974年10月，甘肃省博物馆在平凉庙庄又探查出四座附葬车马的秦墓，发掘了其中的两座，编号M6、M7，这两座墓室呈"凸"字形，凸字的方形大坑放置棺椁，棺椁室的二层台上放置随葬品，突出的小方坑则专埋车马。两墓都随葬一车四马，1号车（M6号墓）旁只有两匹服马是全尸，两匹骖马只葬了马头；2号车（M7号墓）只有一匹服马全尸，其余都用头来代表，这种葬法在先秦时期是从未见过的。根据墓葬形式和随葬品的特征，这两座墓的年代当属战国晚期，接近秦统一六国的时期。[52]从墓中发掘出的两辆车都是独辀，表面髹漆绘彩，车舆为横长方形，轼前两角圆，軨木上置立柱，由轵轛相连成舆輢，位于车轴一线有高出周围舆輢的车轼，形制都与先秦时期的车无大差别，唯一不同的是车輢之外还有车围。车围似用藤条或其他纤维织物编成，方格网状，表面也髹黑漆，有些像山西太原金胜村晋国赵卿墓车马坑1号车的车輢。两辆车上都有伞盖，1号车的伞盖痕迹较清晰，盖顶残存有六条呈辐射状的条带，2号车的保存较差，已不能分辨其形貌。车上的饰件除1号车的軎、辖和两个车轙为铜质外，其余如衡饰、軛首饰等都为骨质。1号车还有一些特别之处，在轮牙的外层包嵌了一圈白色皮革，车軎上悬挂着以纺织物为衬底，外用线串缀绿色小料珠制成的珠帛飞軨，这些都是在以往的车马坑中从未见过的（图5-3、图5-4）。

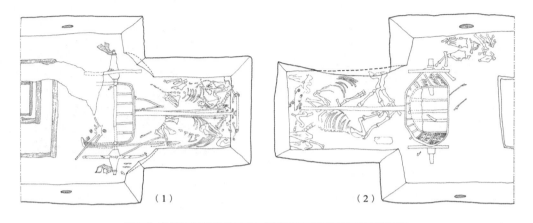

图5-3 （1）甘肃平凉庙庄M6号墓平面图 （2）M7号墓平面图

1976年陕西省雍城考古队在凤翔八旗屯发掘了40座秦墓，其中有四座车马坑，车马坑的葬式与甘肃平凉庙庄的基本相同，都附葬在墓主右侧或脚下。四座坑中两座的遗迹保存较好。编号为BS26、BS33。BS26号坑内埋一车二马，BS33号坑内埋三车六马。车的形制与平凉庙庄的也差不多，但年代早于庙庄，属战国早期，[53] 所以不见有车围痕迹。这些车马坑与1978年在陕西长武上孟村发现的一座车马坑（图5-5），如按年代划分都应属于春秋战国时期的车马坑，但这些坑的葬式都具有明显的秦国特征，所以本书将它们列在秦汉部分介绍。

凤翔八旗屯的BM103号墓中还出土了一件具有特殊意义的随葬品——一辆不起眼的有两根车辕的陶牛车模型。据发掘简报称，出土时泥质的灰色陶轮置于牛身后左右两侧，它们之间有木质车辕、轴、舆的朽痕（图5-6），这是中国目前发现的自殷商以来最早的双辕偶车模型，也是证明双辕车出现于战国初期的物证。

1980年冬，秦俑考古队在始皇陵封土东侧一个大型陪葬坑的过洞内发掘出两乘铜车马，这两辆车的木质部分、驾车的马、御车的人及车马上的辔绳、革带、缨络等饰物都按照实物用青铜铸成，重要之处还用金银制品装饰，尺寸大约是真实车、马、人的1/2，这是继秦始皇兵马俑之后又一重大考古发现。[54]发掘时发现，由于坑顶木椁腐朽塌陷，铜车马已被压成碎片，但所有物件、人、马都处于原先的位置没有大的移动，车马的构件也齐全，经初步清理后整体装

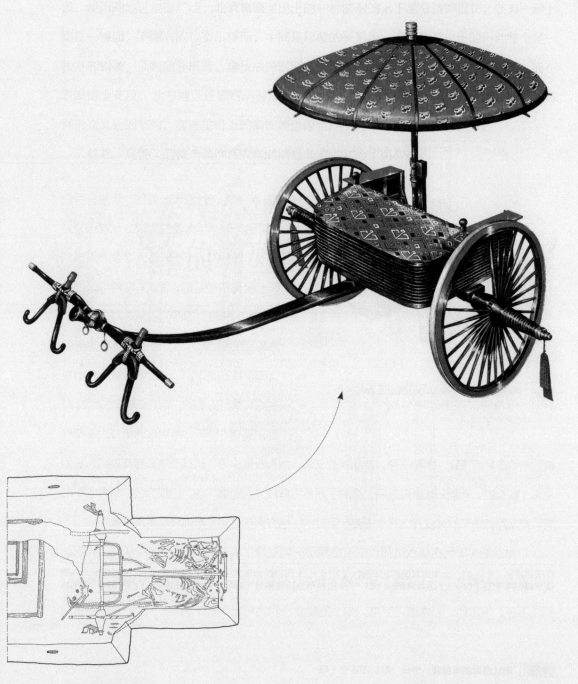

M6号车平面图

图5-4　甘肃平凉庙庄M6号车复原图

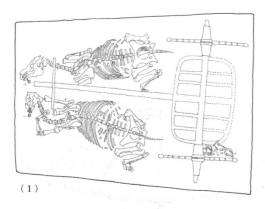

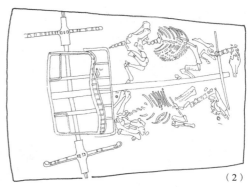

（1）　　　　　　　　　　　　　　　　　　　　（2）

图5-5　（1）陕西凤翔八旗屯BS26号车马坑平面图　（2）陕西长武上孟村车马坑平面图

图5-6　陕西凤翔八旗屯BM103号墓出土陶牡牛和车轮（双轮牛车的木质部分已腐朽）

箱运到室内进行研究、处理、修复，两辆车前后历时八年才修复完成，现都已公开展出（图5-7）。1号车是辆立乘的战车，车上配有各种兵器，2号车是辆可以坐卧的安车，独辀，驾四马。从车马的装饰、御车俑的服饰上可以看出两辆车的等级很高，特别是2号车，很可能是按秦始皇生前的乘舆仿制的，而1号车是为2号车开道、警戒的导车。两辆车的车身内外都有极为精致的彩绘图案，各种部件，如捆缚的皮带、结扣及绳索等，从细节到质感都刻画得极为逼真（图5-8）。两辆车被修复以后，澄清了很多古车研究的疑难问题，已成为目前研究古车形制，特别是独辀车的驾驭方法的最主要参照范本，这方面在前文先秦部分已多次提及。

自20世纪70年代在陕西凤翔八旗屯发现了一辆双辕牛偶车后，1993年6月从湖北省荆州市周家台30号秦墓中出土了第二辆双辕木偶车，这是辆马车，车的双辕、车辐与木马头已朽烂不存，但车厢、马体都还完整，车上的髹漆涂彩也清晰可辨（图5-9）。[55] 墓中的木牍

（1）

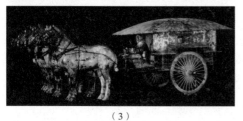

（3）

（2）

图5-7 （1）秦始皇陵铜车马坑出土现场 （2）修复后的1号车（高车）（3）修复后的2号车（安车）两辆车现陈列于秦始皇陵兵马俑博物馆

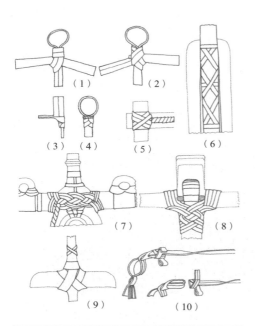

（1）　　　（2）

（3）（4）　　（5）　　（6）

（7）　　　（8）

（9）　　　（10）

图5-8 秦始皇陵铜车上的各种带结 （1）—（4）轭与衡联结 （5）轴与靷绳联结 （6）轭侧 （7）轭与衡联结 （8）衡与辕联结 （9）胁驱齿背面带纹 （10）骖马靷末端结

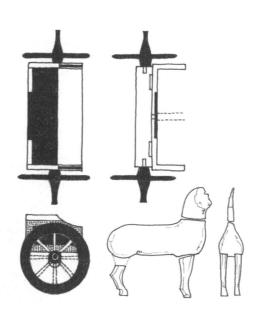

图5-9 湖北荆州周家台30号秦墓出土双辕木偶车

文字提供了该墓的准确年代——秦二世元年（公元前209年）。从结构造型上看，这种木偶车显然是西汉马车的前身。

秦代建国虽短，建树颇多，诸多领域的开创、革新对后世产生了深远的影响，只是在车的形制方面没有明显的突破。但车軨外包裹车围是先秦时期秦国之外的其他国家未曾出现过的。

秦代车的车围早在战国初期陕西凤翔八旗屯车马坑就已有发现：BS33号车的车围是用两毫米宽的竹篾编织成的六边形与等边三角形相间的网格，上部固定在舆軨横轵上，下部固定在轸木上，里面还衬有朱红色平纹绢帛，并用1.2厘米宽的皮条纵横加固。甘肃平凉庙庄的车围前文已介绍过，秦始皇铜车马的1号车上好像也有这种车围——在厢板外侧铸出的很细的轵轛不应是车軨，而应是与庙庄的车十分接近的车围（图5-10）。

车围，古称“輴”，车旁用皮革交错结成的障蔽物。《说文解字》解作“车籍交错也”，《集韵》则更明确，“重革之蔑所以覆軨也”，与陕西凤翔八旗屯BS33号车围完全吻合。輴的作用可能是保护和加固车厢板的，这也从另一侧面反映出战国后期已开始流行封闭型车厢，不再如春秋之前车舆多四面敞开。比封闭型车厢更早流行的车轼与前軨之间

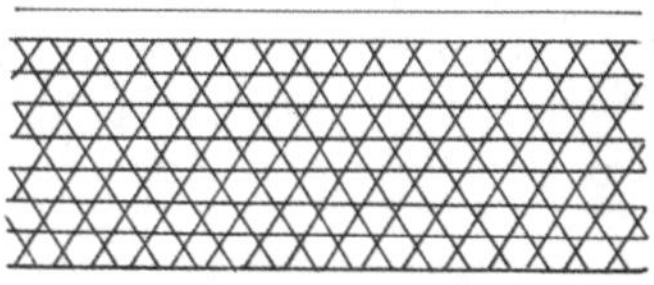

（1）

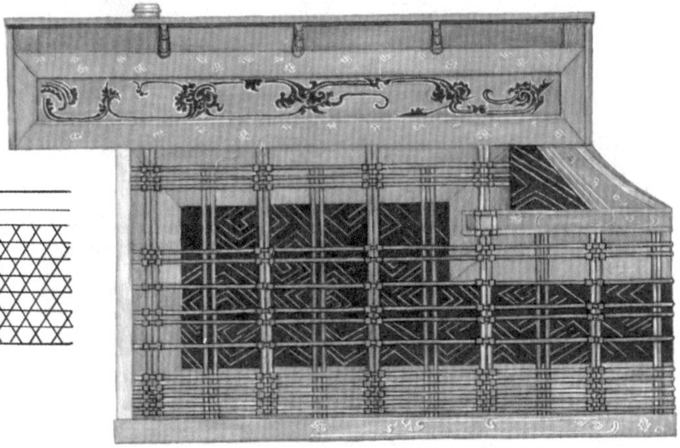

（2）

图5-10 （1）陕西凤翔八旗屯BS33号车车围编织示意图 （2）秦始皇陵铜车马1号车车舆右侧外栏板

的封闭形象在秦陵两辆铜车上都有十分明确的表现，实物可与文字记载相印证。如，1号车的封闭物上有仿照织物的彩绘，可能表现的是布帛"袱"，2号车御手室封闭物上只涂红彩，可能表现的是皮革"鞯"，这都与《说文解字》《广雅·释器》所释相符（图5-11）。

秦代车上还出现了车耳。

车耳，古称"轓"，车两旁反出如耳的部分，用以遮挡尘泥。一说指车的屏障，用以遮蔽车厢。轓在汉代很流行，其装饰与色彩是官吏级别的标志。《汉书·景帝纪》"令长吏二千石车朱两轓，千石至六百石朱左轓"颜师古注引应劭曰："车耳反出，所以为主藩屏，翳尘泥也。"

甘肃平凉庙庄1号车在位于车轵后两侧车輢的上沿伸出两块长方形的木板，这两块板应是车耳的朽痕（参见图5-3）。对照秦始皇陵1号铜车，其车耳横贯两輢上沿伸出于舆

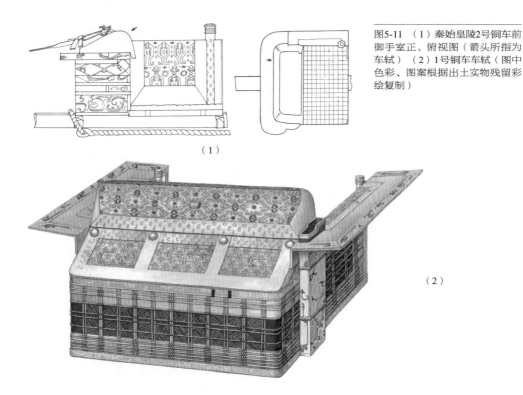

（1）

（2）

图5-11 （1）秦始皇陵2号铜车前御手室正、俯视图（箭头所指为车轵）（2）1号铜车车轵（图中色彩、图案根据出土实物残留彩绘复制）

后，两辆车的车耳应是基本相同的，但甘肃平凉庙庄的车耳低于车轮，而秦始皇陵铜车的车耳覆罩在车轮上，前一种只能起到赵卿墓4号、9号车加宽的车輈的作用，后一种不仅能搁手，而且能挡住溅起的泥土（参见图5-4、图5-7（2））。秦陵2号铜车的车耳环绕整个车厢外沿（轮上部分比其他地方稍高），在车耳上竖立车厢板，把车厢自然地分为上下两层，上层面积稍大于下层（图5-12）。

曹上吊挂飞铃也盛行于汉代，东汉画像石的车马图中常见此物，甘肃平凉庙庄1号车上保存很好的飞铃痕迹与秦始皇陵两辆铜车上的飞铃，证明使用此物始于战国后期。飞铃一般用布帛、皮革制成，容易腐烂，能在两千多年后见到实物实属万幸。

秦始皇陵1号铜车的伞盖插置方法也给我们颇多启迪。先秦车马坑中虽然也出土伞盖，但如何插置始终是个谜，看了1号铜车上的"十"字拱形伞座后恍然大悟，原来数千年前祖先已开始用与我们今天同样的方法插伞（图5-13）。用伞座插伞盖无须其他东西帮助固定，正符合危急时刻能随时撤掉的要求。在伞盖斗与车軑的背面还设有供拉持的把手（参

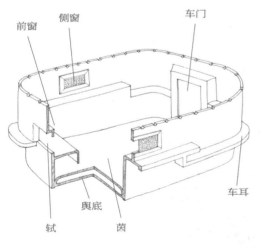

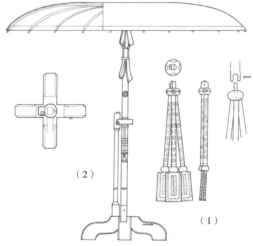

图5-12　秦始皇陵2号铜车后室结构示意图

图5-13　（1）秦始皇陵1号铜车伞盖斗下的绥正、侧、俯视图　（2）伞盖与伞座的正视图，插伞结构示意图

见图5-11（2））。这种把手在《说文解字》中称作"靷"和"绥"，"靷，车轼中把也"，"绥，车中把也。"关于两种把手的作用，过去的解释有些混乱，《论语·乡党篇》曰，"升车必正立执绥"，古车车轮高大，舆底离地面较高，立乘时伞盖须超出人头顶之上，若上车时拉盖斗下的绥是万万够不着的，而因舆的进深浅，拉轼前的靷则刚好，所以应改为"升车必正立执靷"才对，当然靷、绥本是一物，古时通用也不能说错了。既然上车时是拉靷，那么绥又何用呢？可能是在车颠簸剧烈、人站立不稳时用来把持的。

秦代的伞盖上还加饰飘带，甘肃平凉庙庄1号车车伞盖上留有较清楚的痕迹，这种贯顶的布帛飘带在汉画资料中经常出现。

秦代车的装饰与先秦一样考究而华丽，车轮的轮牙与车辐流行用黑红两色油漆，一般外圈为红色、内圈为黑色。甘肃平凉庙庄的车轮外侧毂面上还用黑红间色画了13道带状纹饰，两辆铜车车厢内外的精致彩绘和兵马俑坑战车上的漆皮彩绘展示了秦代漆绘的高超技艺，其纹饰风格影响了整个汉代（参见图5-4）。

汉代车的出土与复原

西汉中期之前在一些诸侯王墓中仍然随葬真车真马，埋葬的方法与河北平山中山嚳墓的相同，有的将车马置于主墓室旁的陪葬坑中，这些坑都用巨木垒壁盖顶后再封填泥土；有的放置在庞大墓室的耳室中，所以车马出土时全部像中山嚳墓一样腐朽坍塌成一堆灰土，保存好的很少见，其中较为重要的材料有如下几批：

1978年在山东淄博市临淄区大武乡齐故城遗址附近发掘出西汉齐王墓，内置四辆车13匹马，三辆大型车排列在墓内东南的4号车马坑的西端，1辆小型车单独置于坑东端。大车都已朽毁，地面仅能辨别出最上层的伞盖痕迹，轮舆等大部分结构已无法清理，只能从散落的铜饰和漆皮大致确定车的轮、衡、辀的位置，只有4号车因车舆厢板是以木条与藤条编织的方格网做底，外面涂抹类似谷糠、骨末和白灰状物质混合成的泥子，再贴附麻布，并加以髹漆的缘故，所以没有朽坏，出土时依然立于坑内（图5-14）。这辆车车身低矮，车型小，独辀，车衡很短，也不见车轭，车厢的前半部设有车座，车舆外侧和车耳顶面用红、白、绿、蓝四色彩绘，车辀上也绘有38道红色带纹，装饰华丽，疑是又一辆用人驾挽的辇车（图5-15）。齐王墓主为刘襄，葬于汉文帝元年，这座墓在西汉诸侯墓中年代最早。[56]

1968年在河北满城发掘的中山靖王刘胜与其妻窦绾的墓，在两人墓室的耳室与甬道中共发现10辆车、29匹马，由于墓室渗水和朽腐已甚，10辆车的遗迹无一幸存，只在地面上留下了一堆堆的车马饰和少量漆皮，根据车马饰和殉马数分析10辆车都是独辀车（图5-16）。从这两座墓中出土的车马器不是错金银就是鎏金的，车厢上的漆绘也很华美，据此推测这些车都是高级乘舆。史载刘胜卒于武帝元鼎四年，窦绾卒年略晚于刘胜，这两座墓的年代要比齐王墓晚。[57]

1973年在河北定县发掘的中山怀王刘修墓，从"凸"字形墓室的前右室也发现三辆车，13匹马。其中两辆为驷马车，一辆配

图5-14　山东临淄大武乡西汉齐王墓4号车马坑平面图

图5-15　山东临淄齐王墓4号车马坑4号车复原图

（1）

（2）

图5-16 （1）南耳室车马遗物分布图 （2）北耳室车马遗物分布图

置三马，尚余两匹不知何用。驷马车为独辀车是无可置疑的，三马车很可能是双辕车。由于此墓不仅被盗掘，而且遭火焚，所以遗物零乱，痕迹全毁，但从遗存的鎏金车马饰件、浅葱绿色的车盖残痕及朱漆轮痕可以想象这些车也都很华贵。[58]怀王刘修为汉宣帝时人，此墓年代又晚于满城汉墓。

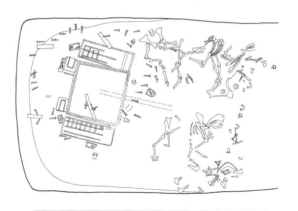

　　1970年山东省博物馆在曲阜九龙山一次发掘出四座西汉中期的鲁王或王后崖墓，从四座墓中共发现12辆车与一批木车马模型（明器）。出土的车马器不仅有错金银纹饰，还镶嵌了玛瑙、金片与绿松石。2号墓西室的一辆车的车痕周围与伞盖的痕迹上，多处残留绘有流云与凤凰图案的漆皮，马头骨上除当卢外还配有兽头饰，发掘简报认为这是辆西汉贵族出行乘坐的"凤凰车"。[59]四座墓因为早年被盗，并且有些马是生殉，临死前的挣扎可能毁坏了殉车，所以留下的痕迹散乱，对车的形制也无从探究（图5-17）。

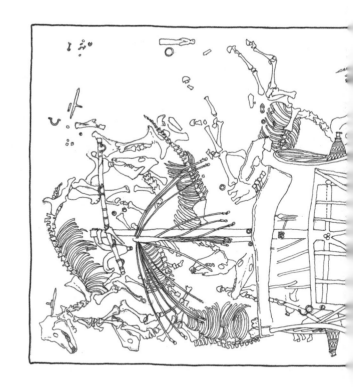

1974年中科院考古研究所在北京西南郊大葆台发掘出广阳倾王刘建与王后的墓，编号为1号、3号汉墓。在两座墓的南墓道各有三辆殉车，1号墓殉马13匹，2号墓殉马10匹。2号墓因被盗后遭火焚，殉葬车痕已荡然无存，仅留下少量的车马器。1号墓也因墓道封土坍塌导致三辆车被砸压变形，其中3号车损坏最严重，车轮已脱离原位，万幸的是该墓未遭盗掘，车虽压坏但痕迹没有扰乱，车表面的髹漆也保存得很好，局部纹饰清晰可辨，根据漆皮与木质朽痕可测量出三辆车的大部分尺寸，并能对1号、2号车进行复原。[60]三辆车都是独辀车，1号车车厢狭长，两椅与轼前用木板封闭，车舆中部插有圆形车盖，是一辆小车。2号车车厢较大，轼前封死，两椅与后部为车軨，垂亦有可以开启的用轵轛构成的门。车盖像篷，由车厢四角的立柱延伸支撑，盖弓结构与秦始皇陵2号铜车的相同，三辆车的轮毂均彩绘，车軎全部鎏金（图5-18、图5-19）。这两座墓的

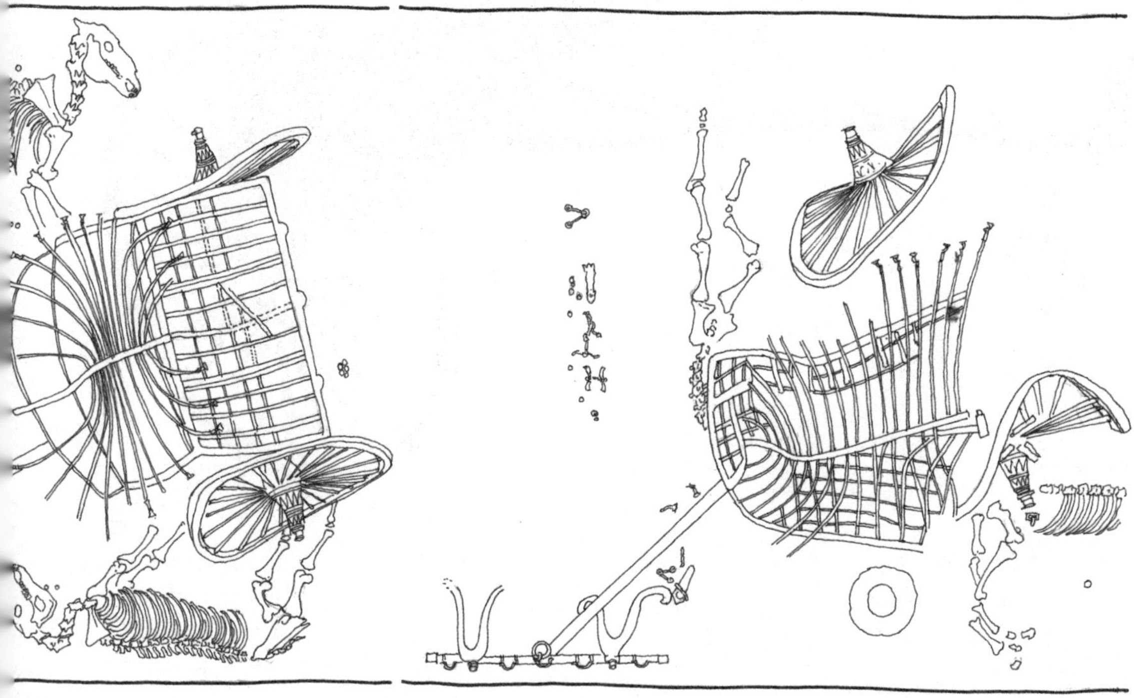

图5-18　北京大葆台汉墓1号墓道内车马遗物出土平面图。1号墓墓道内车马遗物分布图（南端）

（1）

图5-19 （1）北京大葆台汉墓1号车复原图

（2）

图5-19 （2）北京大葆台汉墓2号车复原图

年代在宣帝末年至元帝初年之间（公元前48年前后），比河北定县的刘修墓略晚。

1991年河北省文物研究所在获鹿县新城乡高庄村的西凤凰山下，发掘了一座汉墓，该墓规模宏大，主墓室内放置了九个大木箱，在M1Ⅲ号木箱内葬有三辆实用车，12匹马。M1Ⅵ号箱内放置了九辆明器车。三辆实用车的木质都已朽蚀殆尽，只能根据漆皮的痕迹和车上的金属饰件散落的位置判断车的基本形象和结构，三辆车都是独辀，都有伞盖，1号车是辆类似于秦陵铜车马战车的小型立乘车，2号车厢比1号车大，是辆双人座的轺车，3号车是安车，车厢四面封闭，类似于秦陵铜车马的2号车，在这辆车痕迹四周遗留有大量彩绘漆皮，上面用白、红、紫、绿、黄等色绘制凤鸟、云纹，十分精美。明器车因放置的木箱盖板和箱壁的坍塌，且多次浸水，除了散落的青铜饰件能大致判断每辆车的位置外，遗迹几乎无存，保存情况很差（图5-20）。[61]高庄汉墓的墓主是西汉宪王刘舜，舜死于汉武帝元鼎三年，与河北满城中山靖王刘胜的墓属于同一时期。

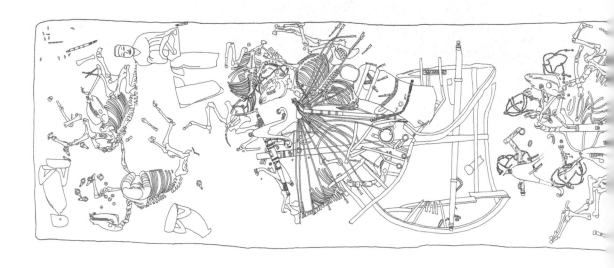

图5-20　河北获鹿新城乡高庄汉墓M1 Ⅲ号厢随葬车马平面图

以上殉车基本全是独辀车，少数车辆由于痕迹模糊，根据殉马数推断有可能是双辕车，但推断有时并不可靠，一些墓内常常会发现按照车辆配置殉马后而多余的马匹，所以可靠的结论应以车痕为准。

汉代的双辕车在出土实物中绝大部分是偶车，其中年代最早的出于湖北江陵凤凰山167号汉墓，属西汉初期。该墓发掘于1975年，[62]位于今荆州市郊的楚纪南城遗址内。车模型通长60厘米，高（包括车盖）39厘米，除了双辕为竹质，其余都用木料做成。双辕如独辀，前端翘起，双辕辕头之间架车衡，单轭置于衡中间，车舆轼前封闭，两轓前低后高，上缘装有车轓，舆后敞开为䡈，上端有一横木，两端架于伸出轓后的轓上，似可供坐乘者仰靠，舆底垫有绣绢，象征坐垫。整个车厢用两个伏兔紧固在轴上。车轮由四条轮牙拼合而成，16辐，毂䡮一体，无铜饰；伞盖插于舆的中间，直径61厘米，有竹弓23根，弓端套有木制盖弓帽，用一竹圈将各弓连成一体，上覆紫绢；舆内有一彩绘跪坐的车御木俑，车旁放置两件木马，全车通体髹黑漆，轼前绘有卷云纹饰，伞盖周边也有朱绘缘饰

（参见图5-21（1））。

　　1992年在邻近的荆州市萧家草场26号汉墓中又出土了一辆双辕木偶车。这辆车的形制与秦代周家台的一辆较为接近，轼前的彩绘则与江陵凤凰山的相同，这辆木偶车的底座是用黑白两色来区别主人与驭手的座位的（参见图5-21（2））。

　　江陵凤凰山167号汉墓还出土了一辆双辕牛车的模型，也是用竹木制成。车的形制与临淄淄河店2号战国墓所出土的栈车很相似，但舆后无车輢隔栏，车辕尾部延长了一段，两根延长的辕尾之间横贯一木，构成"H"形的车轵，这样就更便于装载货物了。牛车的车衡很特别，中部宽而扁平，两头微弯如钩状，似为驾挽牛车而专门设计的（图5-22）。

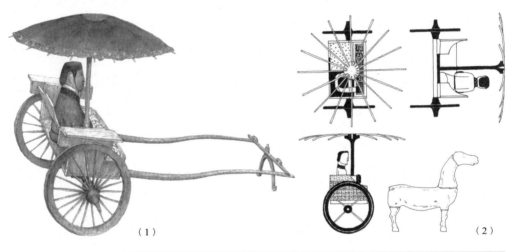

（1）　　　　　　　　　　　　　　　　　（2）

图5-21　（1）湖北江陵凤凰山167号墓出土双辕木轺车（根据实物写生）　（2）湖北荆州萧家草场26号汉墓出土双辕木偶车正、侧、俯视图

图5-22　江陵凤凰山167号汉墓出土双辕牛车模型（根据实物写生）

1951年在湖南长沙伍家岭西汉晚期203号墓中也出土了四辆偶车和一件车厢的模型。四辆车都是双辕车，因腐朽并被墓顶崩落的泥土压砸，都已散架、断折。1号车残毁严重，仅能依稀辨别出是一辆车厢前后长、左右窄而上面有篷的大车。2号、3号车情况较好，可以根据部件拼接复原，这两辆都是小车，车厢的外形和伞盖与大葆台1号汉墓的1号车很接近。4号车的车厢由五块木板拼合而成，车辇两侧装有两块三角型的栏板，车的形制实际上与2号、3号车属同一类型，但发掘简报根据它既无伞盖且无舆轮结构的特点认为该车是辆栈车，其实看5号车厢的模型才知道5号车是栈车。这件无轮的车舆前后敞开，两辀以木板为之，舆后也有伸出的车軓，形制应与江陵凤凰山167号汉墓的木牛车相同。唯一觉得费解的是两根车辕的装法很奇特，辕向车厢左右前方斜向伸出，辕首的间距大大超过车厢甚至车轴的宽度，如此装法的辕在其他出土实物中从未发现过（图5-23）。[63]

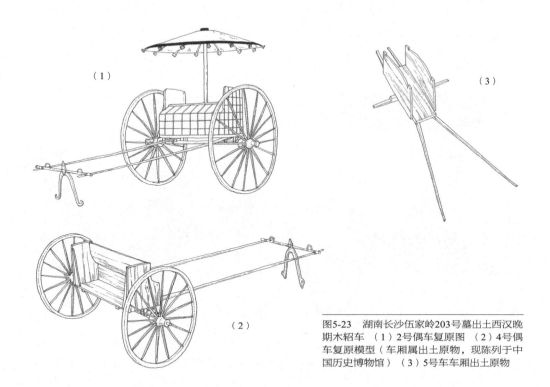

（1）

（3）

（2）

图5-23　湖南长沙伍家岭203号墓出土西汉晚期木轺车　（1）2号偶车复原图　（2）4号偶车复原模型（车厢属出土原物，现陈列于中国历史博物馆）　（3）5号车车厢出土原物

1972年甘肃博物馆在清理武威磨咀子汉墓时，从48号墓中出土了一组大型木车马模型。[64] 木车马保存完好，虽因腐朽有所残缺，但经修补都已复原，现陈列于甘肃博物馆。木车是辆双辕马车，通高97厘米，长80厘米；车舆的外形与长沙伍家岭203号墓的2号车相同，轼前和两輢封闭，輢上装有铜较；舆底主人座位处雕刻出略高的茵垫；舆的中部插有伞盖，伞柄及盖斗皆木质，伞柄分为两节，中间有铜鞞轵连接，伞弓竹制，边缘以细竹圈围绕、固定于铜质盖弓帽的小棘上，伞顶覆以皂缯；在车舆的前轸木之外、双辕之上还搁置了一个竹编的车笭，笭身为六角形空孔图案；车轮由六条轮牙拼合而成，车辐竹制，装法为偏辐的轮辁；车轴、车毂均木制，轴端套有铜軎；双辕首昂起如蛇颈，架于两辕间的车衡已朽烂无存，但车轭完好，上有铜质轭首、軥饰；在车舆内还有一木雕彩绘的跪坐御车俑。驾车的马亦是木雕，高89厘米、长78厘米；呈昂首嘶鸣状，模样甚为雄壮；马首还有铜质当卢和衔镳。整组车马用红、白、黑三色彩绘，这是偶车中制作最精致、艺术价值最高的一乘（图5-24）。

图5-24　甘肃武威磨咀子汉墓出土木轺车（根据实物写生，甘肃省博物馆藏）

1965年在江苏涟水三里墩的西汉墓中，还出土了一件舆、轮用铜铸的车模型。这件明器的车厢呈椭圆形，三面舆輢结构，后面空出为车軨；车轼高出车輢，两輢最上层的横轵宽而扁平；舆底铸出镂空的斜方格网以象征皮革或其他材料的编织物。没有发现车辕、衡轭和车轴，可能原来都是木制品，现已朽烂无存。[65] 根据这辆车舆的外形判断该车应是独辀车，与太原金胜村赵卿墓的1号车颇相似（图5-25）。

西汉中期以后贵族墓室流行用壁画和画像砖进行装饰，西汉末至东汉初此风更为倡行，影响到以后的整个封建时代。在壁画与画像砖所描绘的题材中最多的是车马出行图，有些图上在车与人物的上方还注明车的名称及人的官职，这些资料就成为研究西汉后期及东汉车制的重要参考材料。但是绘画图像都是平面的，中国画又不注重写实，并且因为破损、色彩剥落等因素，大都不甚准确、清楚，所以如同残缺的出土实物一样，经常会产生很多疑问。

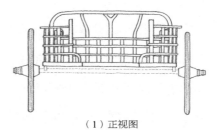

（1）正视图

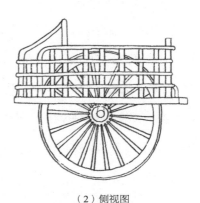

（2）侧视图

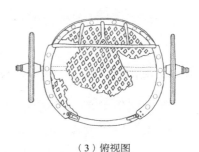

（3）俯视图

图5-25　江苏涟水三里墩西汉墓出土铜车模型（图中轴、毂系根据推测所加）

那么东汉时期有没有作为明器的偶车实物呢？有，但是数量不多。

1976年贵州省博物馆在兴义与兴仁两县之间发掘了一批东汉时期的砖室墓，从M8号墓中出土了一套铜车马，车的制作精巧，具有秦陵铜车的遗风。这辆车形制特殊，车厢呈竖长方形，广窄，进深长。两侧轸上各立辀柱四根，以一纵向长铜杆扣压固定，立柱之间插着捆有两根竹芯外裹铜铂的车篷杆，在辀柱与篷杆之上蒙覆一层0.1毫米厚的铜铂以封闭车厢的两輢与顶。蒙覆的铜铂在两輢外侧、篷盖前后缘及中间的带状部位刻有云纹，半圆形篷顶外侧分前后两块刻有簟席纹以表明篷盖的材料，在车厢底部也铺垫了一块刻有织物包边纹线的铜铂，代表的是织锦车茵，这件茵的形制与秦陵2号铜车的完全相同。茵上还残留有纺织品的痕迹。车厢后部疑有车门，车门上端疑有镂空花板，前部可能悬挂遮挡织物，因整个篷盖和底垫皆锈蚀严重，不能确认。车轮的轮牙宽而薄，分两片对接，内侧钻孔以装辐，辐共12根，两头细中间宽而扁。毂中空，穿轴可以滚动，最粗处凿有孔以容纳辐。轴与伏兔一体铸成，伸出毂外部分代表軎，不见铜辖。双辕翘曲如蛇颈，前细扁而后粗圆。双辕之间架有圆柱形车衡，衡两侧各有一轭。车轭缚在衡中间，形状颇像马蹄铁，轭体扁宽，弯如拱桥，与以往的有较大差别。在轭軥和双辕中段的平直处连有两根代表加固杆的铜条。全车各个铜构件有的在相接处钻孔，上下对准后用铜片绑缚固定，有的钻孔后铆合。驾车的铜马也是分头、耳、颈、躯体、尾、四肢等11块部件分铸，采用铆与粘合方法装配而成。马戴有面具，面具与头一体铸成，上面涂有金色，马耳内涂朱，以此推测车马当初是彩绘的。在马身上原来还有辔头挽具，皆用四毫米宽的鎏金薄铜片制成，因锈蚀残断已不可复原。整组车马长112厘米，高88厘米（图5-26），与甘肃武威磨咀子的木车马大小差不多，是辆大型的明器模型车。[66]

1969年甘肃省博物馆在武威市北郊的雷台发掘了一座东汉晚期的墓，从墓的前室中出土了14辆车，39匹马，一头牛和45件俑人，都是铜铸明器，驰名中外的"马踏飞燕"铜奔马就是在这里出土的。[67] 这座墓早年被盗，墓中随葬品可能有缺失，铜车马和俑的数

图5-26 贵州兴义、兴仁出土铜车马（中国历史博物馆藏）

量可能还不止目前这些。在铜车马、俑身上大都刻有文字，根据文字分类计有斧车一辆，轺车四辆，小车两辆，辇车三辆，大车三辆，牛车一辆；俑分奴婢、牵马奴、御奴、将车奴、将军俑，排列起来的全部车马表现的是东汉官吏出行的场面。

　　14辆车虽有多种名目，但按车的外形区分只有两种，第一种包括斧车、轺车与小车；第二种包括辇车、大车和牛车。斧车与轺车制作较精细，车舆外形与武威磨咀子木车基本相同，车轮亦为轮缏，舆前双辕上亦搁置车笭；辕有些特别，平面与侧面都有弧度，侧面弧度与武威磨咀子木车相同，平面则在伸出舆部中断向内折弯使辕首的间距缩小；辕首间架衡，衡中间一段拱起，两端起拱处有辕；轭在衡中，外形与贵州兴义铜车的较相像，轭軥处有铜环，轭肢与辕亦连有铜丝做成的加固杆；车舆的底部镂空成菱形，菱形格较粗大，在两轏和舆底还残留有纺织品朽痕。斧车无车盖，舆中插一铜斧，轺车有盖，盖顶也用铜浇铸，上留有12根撑竿的锈迹，伞杠与盖顶连为一体，下端有榫，可以插在舆底上。小车的外形与轺车一致，但制作较粗糙，如舆底菱格花纹不镂空，伞盖柄较粗，盖顶与杠铆接而不连铸，舆前的笭只用折起的铜板来表示等（图5-27）。

輂车、大车和牛车的外形与长沙203号墓出土的5号车厢模型有相同之处，车厢纵长，两侧是封闭的輢板，双辕的前段如同轺车，侧面向上翘起，平面向内微弯，辕身铸成带刺的树枝状，舆后也有车軨。三种车中輂车的制作较其他两种车认真，且輂车后部设有车门，輢板外侧装有铜环，内壁残留有织物朽迹；而大车则只有横拦而无门，出土时在三辆大车的舆内还有粟粒的痕迹，可见輂车有时也供坐乘，而大车则是专载货物的运输车了。輂车与牛车驾挽也用车轭，但轭较小，在现场仅发现一具，大车的形制既然与輂车相同，驾挽方法当也不会两样。类似这种輂车的铜车马在甘肃地区出土较多，兰州市华林坪东汉晚期墓出土的一乘，与上述的輂车、大车如出一辙（图5-28）。

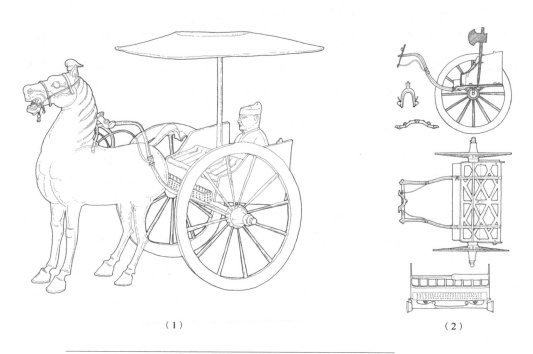

（1）

（2）

图5-27 （1）甘肃武威雷台东汉墓出土铜轺车 （2）斧车正、侧、俯视图

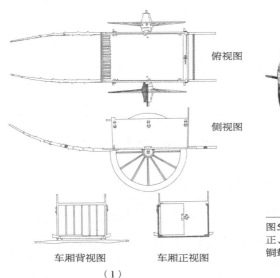

俯视图

侧视图

车厢背视图　　　车厢正视图

（1）

（2）

图5-28 （1）甘肃武威雷台东汉墓出土34号铜辇车
正、侧、背、俯视图 （2）兰州市华林坪东汉墓出土
铜辇车（甘肃省博物馆藏）

汉代的车主要供达官显贵乘坐，所以在装饰上追求奢华。

河北满城汉墓出土的大量错金银、鎏金铜车器具有一定的代表性。先秦时期的那种片形轴饰在这时铸成了半立体的兽面，兽面上再镶嵌着精细的错金银纹饰，其他如车軎、铜环、衡饰、车较等面积只有几厘米的小件铜饰也都满布繁缛的纹饰（图5-29）。

车较，主要流行于汉代，其作用应等同于秦车上的绥，是供乘车者把持用的。《集韵·入觉》引《说文》"车輢上曲钩也"，甘肃武威磨咀子木车提供了车较的装置方法（参见图5-24）。

此外，鎏金的柱饰，车轭饰也比先秦时考究，軥饰全部铸成造型别致的兽首，特别是辕饰更是别具一格。河北满城汉墓1号墓出土的一件外形为龙首，龙鼻扁长前伸如勾，前齿闭合，口中衔一圆形鎏管（鎏管上有销孔，是用来插车衡的），两角卷曲有穿可以当车軎用，颈中空便于安装在车辀上，出土时颈中尚遗有一段朽木。这件轭饰鎏金且镶嵌玛瑙和绿松石，是继河南辉县、淮阳出土的兽首、龙首辕饰之后的又一件艺术珍品（图5-30）。

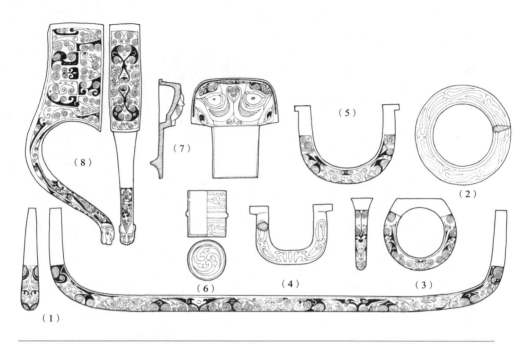

图5-29　河北满城汉墓出土错金银铜车器 （1）车较 （2）、（3）环 （4）、（5）车軏 （6）轭首饰 （7）轴饰
（8）承弓器

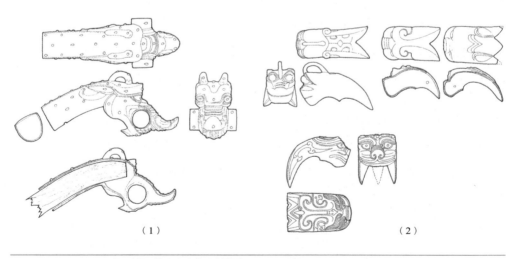

图5-30 （1）河北满城汉墓出土鎏金龙首辕饰正、侧、俯视图 （2）鎏金轭軥饰正、侧、俯视图

西汉的辕饰主要是传统造型，也出现一些新的式样，如山东临淄齐王墓4号小车的铜辕和广州出土的一件，銎面扁方，前者外形像鸭嘴，后者是一线条简洁的兽头。这两件辕饰的艺术风格较独特，而西北地区的草原民族则多以形影不离的马、羊等家畜形象做辕饰和柱饰，造型逼真生动（图5-31）。

汉代还颇重视车伞盖的装饰。伞盖以绢、缯等纺织品作面料，其上交叉饰有两条帛带流苏，垂下的四角缚于车轸或角柱上，这种装饰始于战国后期的秦国，至汉代风行一时。伞盖上最主要的两种铜饰，韠軨与盖弓帽也极尽华丽。

河北定县出土的一件仅26.5厘米长的错金银狩猎纹车杠韠軨，分四段雕满了非常精致生动的人物与飞禽走兽，纹饰之间还有规律地镶嵌上菱形和圆形的绿松石，这件韠軨看来一定能为乘车者在旅途中把玩欣赏之余解除疲劳与寂寞（图5-32）。盖弓帽虽然在战国后期已出现较为华丽的造型，但在当时还不普及。到汉代盖弓帽大部分都变得帽身长大、顶部膨出呈四瓣八棱的花朵形，山东曲阜九龙山出土的一种帽身前端为一龙头、龙口内含一花朵、花朵中还有一人面、全都鎏金的盖弓帽，这种盖弓帽应即

图5-31 （1）山东临淄齐王墓4号小车辕饰 （2）广州汉墓出土辕饰 （3）盘角羊辕饰 （4）立式马柱头饰 （5）立式羚羊柱头饰 （6）立式异兽柱头饰 （（4）—（6）均自内蒙古准格尔旗汉代匈奴墓出土）

《后汉书·舆服志》所称的"金华蚤"（图5-33），是显贵华舆的标志。

汉代的车轊仍然沿袭了先秦以来的形制，只是尺寸更小些，多为短圆筒形，在辖孔的周围有凸出的辖座，辖贯入后没入孔中，外表不再露出。轊面不是鎏金的就是错金银的，素面的相对较少（图5-34）。

汉代还时兴在车的前轸木前装置车笭，《释名·释车》曰："笭横在车前，织竹作之，孔笭笭也。"关于笭的作用，各书解释都不明确，笔者认为是用来遮挡尘泥，保护舆前厢板、轸木用的：先秦的独辀车，马在辀的两侧，服马后足站立的位置一般在舆前的转角处，改为双辕后独马驾挽，这时马臀正对着车中心，奔跑时后足掀起的尘土必定会弄脏前厢板，这就很有必要在前面安一竹编车笭来加以遮挡。

绝大多数汉代车的车厢三面封闭起来，封闭的方法除了用帛革、木板之外，还用如临淄齐王墓4号车的以藤条为骨架外抹混合膏泥的办法，但这种办法不见于史籍（采用这种封闭法的优越之处显而易见，不仅减轻了车的自重，而且还不会开

图5-32　河北定县出土错金银狩猎纹铜轫輢及花纹图案展开图。

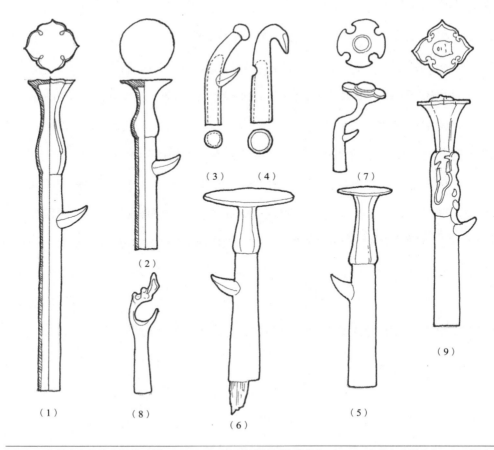

图5-33　各地出土的鎏金铜盖弓帽　（1）—（4）河北满城刘胜墓出土　（5）（6）广东广州出土　（7）湖南长沙出土　（8）河南洛阳五女冢出土　（9）山东曲阜九龙山出土

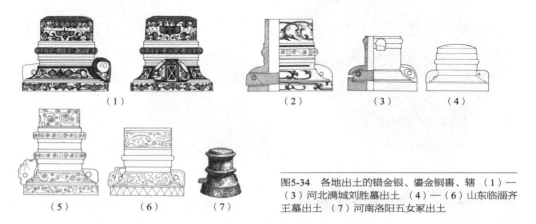

图5-34　各地出土的错金银、鎏金铜軎、辖　（1）—（3）河北满城刘胜墓出土　（4）—（6）山东临淄齐王墓出土　（7）河南洛阳五女冢出土

裂）。车在使用过程中难免日晒雨淋，木制厢板也因此会有裂缝，为了不影响车外表美观，秦代流行装车围，柔韧的藤在一定程度上能够阻止木板的收缩变形。

车厢封闭后所形成的大块平面给装饰彩绘提供了用武之地，河北满城、获鹿高庄汉墓与北京大葆台等处都发现过大量的彩绘漆皮（图5-35），其精美程度虽不及秦陵铜车，但以诸侯王的身份而论已经是够奢侈的了，更何况还有那些美轮美奂的车饰。

汉代的车轮车毂彩绘沿袭了秦代风格，轮牙与车辐上依然流行红黑相间的双色圈，只是毂面上的纹饰稍有不同。以保存很好的北京大葆台三辆车的车毂彩绘为例，毂表面一般以红色为底，轮外一侧勾画有十道黑色带纹，带纹中间勾画两道锯齿纹（图5-36），如此彩绘的轮、毂称作"朱班轮"，《后汉书·舆服志上》载："皇太子、皇子皆安车，朱班轮，青盖，金华蚤，黑櫎文，画辀文轓，金涂五末。"（纹轓参见图5-16）这样装饰的车称"王青盖车"，根据这些标准，西汉初期的几座诸侯王墓都随葬有"王青盖车"。

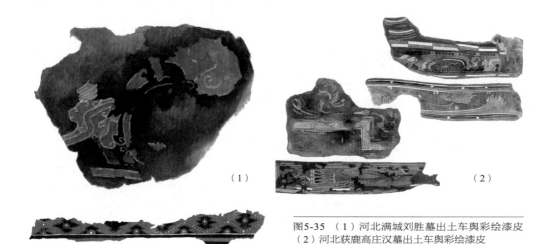

（1）

（2）

图5-35 （1）河北满城刘胜墓出土车舆彩绘漆皮
（2）河北获鹿高庄汉墓出土车舆彩绘漆皮

图5-36　北京大葆台1号汉墓3号殉车车毂彩绘保存情况（根据照片绘）

陆·秦汉车制革新与双辕车的类型和用途

秦在统一中国的过程中曾对六国的舆服制度彻底梳理了一遍，将各国先进的样式与技术汇集起来，《后汉书·舆服志》曰"上选以供御，其次以赐百官"，客观上为车舆制造业的发展创造了有利条件。秦亡后，西汉基本沿用秦制，所以从秦代至西汉中期独辀车仍是主流，独辀车的主要部件基本保持了先秦以来的样式。但对先秦时车的一些重要部件的结构、尺寸进行了一定的改进和调整，使车的性能构造更合理、科学和实用，具体表现在：

高车的车轼与车辀的改进

《后汉书·舆服志》刘昭注引蔡邕曰："立乘曰高车，坐乘曰安车。"立乘之车主要是兵车与畋猎之车。但先秦时期无论兵车还是乘车，为能适应坐乘和立乘，车辀与车轼一般都较低，所以当时没有"高车"的说法。

"高车"一词出现在秦以后。所谓高车无非高在车轼、两輢与伞盖上，《考工记·舆人》曰："参（三）分其隧（车厢进深），一在前，二在后，以揉其式（轼），以其广（车厢宽）之半为之式崇（高）。"这是先秦车轼高度的标准，对照先秦出土的车，包括战国末期秦国的车，这一记载基本正确（参见出土车的尺寸表）。然而如果把秦始皇陵1号铜车的车轼高度加一倍计算，就会发现其尺寸远远超出以往所有的车，有的和人的腰部齐高，这与现代的重心安全标准已很相近了（图6-1）。车轼的大幅度提高，带动两輢也有所升高，使车輢高出车轮之上，这样在轨距缩短、车轮贴近车厢后也就有条件装置宽车耳（輨）以遮挡尘泥。

车舆三面的车輢和车轼同时升高的结果就使车不能再坐立两便了，这种车只能立乘，故谓之"高车"。当然，若一定要坐乘也是可以的，那就要安置车座，一经安置车座就需适当降低车轼与两輢相平，山东临淄齐王墓的4号车就是这样的，而有了车座再要立乘又不可能了。

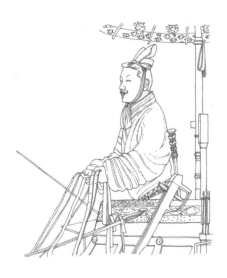

图6-1 秦始皇陵1号铜车车轼的高度

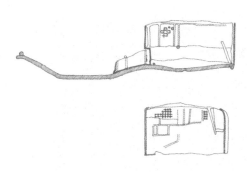

图6-2 河南淮阳马鞍冢2号车马坑13号车出土正视、剖面图

总之，秦代以后，高车立乘、安车坐乘已不再互相兼容，这是秦汉车制的明显特征。

安车车厢结构的改进

秦始皇陵2号铜车是一辆较为典型的安车。其车厢的正面、左右两侧都有窗户，正面的窗户可以向外撑开或脱卸，左右两侧的可以推移，后面有向外开启的门扉，这种四面可通风，"闭之则温，开之则凉"（《史记·李斯列传》），随时能调节车厢温度的车古时称作"辒辌鲸车"，这样的车在河南淮阳马鞍冢与河北获鹿高庄汉墓内曾发现过几辆，尤以马鞍冢2号车马坑的13号、22号车与秦始皇陵2号铜车最相似（参见图2-68）。但从河南淮阳马鞍冢13号车的正视图与剖面图中可以看出车厢的三壁（正面除外）都是直立的（图6-2），没有像秦始皇陵2号铜车那样沿车輢向外摺翻，直立的厢壁只能让乘者坐靠，不如厢壁有凭依、可搁手舒展双臂来得舒适。秦始皇陵2号铜车还有两条车轼，一条在御手室前，上文已作说明，另一条藏于后室内，表面蒙覆与两侧车輴折沿相接，轼下中空可以容膝，车厢前部变成为一颇宽大的凭几，若要书写或伏几假寐完全绰绰有余（参见图5-12），这些结构上的改进与革新使有限的空间得到了充分利用。

西汉中期以后独辀车逐渐被双辕车取代，双辕车的普及使独辀车原有的构件部分被淘汰，部分被改造重新利用，新的车种就在此基础上诞生了。

有汉一代使用最广的是轺车。《说文解字·车部》曰："轺，小车也。"其车舆形制具有返古韵味，应是从周家台30号秦墓木偶车和北京大葆台1号独辀车车型上继承、改变过来的，江陵凤凰山、甘肃武威磨咀子、长沙等地出土的双辕明器车都属于轺车。

轺车由于车厢进深很浅，车轼低于两侧车輢且又横于车厢中间，所以感觉车厢内的空间十分局促。轺车的形制从出现至东汉末三百余年间没有发生大的变化，它频频出现于汉墓壁画与画像石上（图6-3）。从画面图像上可以看出，这种车是官僚士大夫使用最普遍的车，是出游、上朝等短程出行中的代步工具。轺车在改变装饰、增减某些附件后车名也往往随之改变，如：

去掉伞盖、不施彩绘就被称为"小车"，是王侯显贵的奴仆随从，官署的下级属吏的坐车；

（1）　　　　　　　　　　　　　　（2）

图6-3　（1）河北安平逯家庄东汉壁画《君车出行图》（2）山东沂南北寨村东汉墓出土画像石《车骑出行图》

小车插上斧钺又称"斧车"，是汉代贵显出行车队的前导车（图6-4）；

轺车如在两輢外侧装上屏蔽物，又被称作"轩车"。轩车是卿士的坐车。屏蔽物像方形屏风，制作的材料有多种：

第一种是席，《周礼·春官·巾车》"漆车，藩蔽、犺裳、雀饰"郑玄注："漆车，黑车也。藩，今时小车藩，漆席以为之。"

第二种是鱼皮，《左传·闵公二年》"归夫人鱼轩"杜注："鱼轩，夫人车，以鱼皮为饰。"

（1）

图6-4　斧车图 （1）河南荥阳苌村汉墓壁画 （2）山东沂南出土画像石

（2）

第三种是皮革，《文选·张衡〈东京赋〉》"乘轩并毂……鸾旗皮轩"李善注："皮轩，以虎皮为之。"

第四种是织物，河南荥阳苌村的汉墓壁画上的轩车屏蔽材料呈半透明状，似绢罗织品为之（图6-5）。

辎车有时还作公务车用，河南荥阳壁画中有一幅图上描绘了白盖辎车上坐一手持信件之类物品的白衣吏员，他可能是在为官府大臣送紧急公文或通报拜帖，这辆白盖辎车应是官府的公务车（图6-6）。

（1）

（2）

图6-5　轩车图　（1）河南荥阳苌村汉墓壁画（2）山东安丘出土画像石

东汉时期公侯将相的轺车都装车輤，以至当时的铜镜上也镌有"作吏高升车生耳"的铭文。车輤多而杂，难以区别官爵高低，于是又制定出车輤与伞盖的用色制度。如河南荥阳苌村的壁画上就有"皂盖朱左輤轺车""皂盖朱两輤轺车"（图6-7）"赤盖轩车"和"白盖轺车"等好几种（参见图6-5，图6-6），如此一来，相隔很远就能看清前方来车的官员品爵的高低。

图6-6　河南荥阳苌村汉墓壁画《白盖轺车图》

图6-7　河南荥阳苌村汉墓壁画《皂盖朱左輤轺车图》

车輴作为官吏乘舆的标志，有时还做一些特殊的记号以表示某种含义，如临淄齐王墓的4号车车輴的尾端开了一个半月形缺口，这个缺口据孙机先生的考证，[68]认为与《后汉书·舆服志》上"后谦一寸，若月初生，示不敢自满也"的说法相符合（参见图5-15）。

除了轺车，使用最普遍的就是辎軿车了，辎軿车是比轺车车厢更宽敞、装饰更华丽、档次更高的乘舆。"辎軿"这是同一种车的两种不同的称呼。《说文解字》曰："辎，辎軿，衣车也……軿，车前衣也。"车后为辎，一般理解为辎軿车是有布帘遮蔽车厢的车，軿车前后都有，而辎车有后无前。根据《汉书·张良传》"上虽疾，强载辎车，卧而护之"及《后汉书·恒荣传》"（帝）以荣为少傅，赐辎车乘马"等记载，辎车应是男人所乘，男人乘车前无屏蔽是很自然的。

北京大葆台2号车虽是独辀车但很可能是早期的辎车，这辆车上有宽大的车篷，左右后三面均可挂帘遮蔽，轼前如轺车，与汉代画像石上的辎车形象很相似（参见

（1）

图6-8 汉代辎车图 （1）山东沂南出土画像石（前面一辆）（2）成都杨子山出土画像石

（2）

图5-19（2）、图6-8）。据《后汉书·舆服志上》记载：太皇太后"非法驾，则乘紫罽𫐐车……长公主赤罽𫐐车。大贵人、贵人、公主、王妃、封君油画𫐐车……"

𫐐车为贵妇乘舆。古代妇人出门不能抛头露面，要把车前后遮挡得严严实实，贵州兴义出土的双曲辕马车应也是这样的𫐐车。𫐐车的车御无疑像秦始皇陵2号铜车那样是坐在车厢外的御手座上的。

辎𫐐车的形象在壁画与画像石上常出现，但从画面上很难分辨这两种车，因为墓室里的图要表现主人生前的生活场景，即便是𫐐车，为了画出车中人物也会把车前屏蔽物去掉（图6-9）。

汉代普通百姓的用车是辇车，《说文解字》曰："辇，大车驾马者也。"在甘肃武威雷台汉墓中出土过好几辆辇车模型铜车，这在前文已介绍过。从山东沂南画像石上的形象来看（参见图6-8（1）第二辆车），辇车也有车盖，铜车模型上𫐐板外的铜环可能正是用于架设车盖的。这幅图上的辇车前有树枝状的车辕，后有加长的车轵，车轮高大，与甘肃所出的明器辇车完全一致，由此可见这种车在当时很普及，形制也很少变化。据《史记》等文献记载，辇车应是运送辎重的运输车，但甘肃雷台出土的辇车发现车𫐐，舆底均有织物遗迹，所以，辇车很可能是既载人又载物，如先秦时期的栈车，装

（1）　　　　　　　　　　　　　　　　（2）

图6-9　汉代𫐐车图　（1）山东福山出土画像石　（2）内蒙古和林格尔东汉墓壁画

载的货物当然也不会是粗劣物品，而可能是箱笥之类较为贵重的东西，如搭载人的话则一定是仆从奴婢之流了。

輂车如无车篷则称为"大车"，用牛驾挽则称为"牛车"，大车与牛车用以装载体积庞大、分量较重的如粮食、布帛等物品，与先秦时期的役车应属于同一种车。

上述这些是两汉时期的主要车种，在汉代的文献记载中还可以经常看到诸如羊车、鹿车、豹尾车、指南车、槛车、辒车、辎重车等名目繁多的车名，这些车大都不见于汉代的图像资料。其中，有的属于帝王的专用车，如：羊车、鹿车，是帝王在宫庭中乘坐的小车；豹尾车，是皇帝出行时的压阵车，车上悬有豹尾，当车驾经过某地时，周围百姓只能等殿后的豹尾车过去以后才能恢复行动自由；指南车，是一种机械车，多为帝王出行车队中用来指示方向的非载重车；槛车，是专用于槛送囚犯的；而辒车想来是与马拉的輂车差不多的大车吧。

柒 · 秦汉时期的马具马饰与独辀车、双辕车的驾挽方法

经过了秦统一战争与楚汉战争后，骑兵作为新的军事主体地位在西汉初期被确定下来。战争形式的变化对车舆马具的发展影响很大。车被淘汰出了战场，失去了原来的重要地位，此后将作为军队后勤与民间交通运输工具而进行革新与改造。原来的马具主要用于驾挽车，现在迫切需要增加、完善乘骑用的鞍具。

所以，秦汉时期的马具从原来的两大类发展成为勒具、挽具、鞍具三大类。这三大类中：

勒具基本上保持原貌，只是在镳衔和络头饰品的外形式样上有些变化；

挽具则因为双辕车的出现而舍弃了原来的部分用具，增加了适合单马驾车的新挽具；

鞍具的雏形在战国后期就已出现，但改进提高的过程很缓慢，终有汉一代都没能完善。

（一）秦汉勒具。

秦代勒具最完整的实物是在秦始皇陵兵马俑坑和铜车马坑出土的。2号坑发现的是骑兵战马用的勒，铜车马坑出土的是驾车服、骖马用的勒（图7-1）。两种勒的辔头结构都相同，与先秦时期的也没什么差别。

辔头的各带上都套有铜、银质辔饰，带与带交叉处有金、银、铜质的节约，在马的额心处也同样饰有当卢。汉代未发现辔头实物，只有甘肃武威雷台的铜马俑上戴着不很完整的马辔头模型或可供参考，如果将它与杨家湾西汉马俑和山东青州汉墓马俑（参见图7-1（5））的彩绘马辔头相比较就会发现与秦代基本上是一致的。马辔头的结构在战国时期已经定型，汉之后虽有多次改变，但都是在一些并不重要的细节上。

辔头皮带上套的辔饰又称管络饰，在秦代时比较简单，多数为圆筒或扁圆筒形，少数呈扁方形。汉代的变化稍多，有竹节形、鼓形，更多的仍是圆筒形，少数辔饰的表面还有兽面纹。络头上的节约秦汉时都以圆泡形为主，圆泡面的纹饰秦代多用云纹、蟠虺纹，汉代则时兴用熊、骆驼、鹿、独角兽等动物形象做图案，也有一些素面

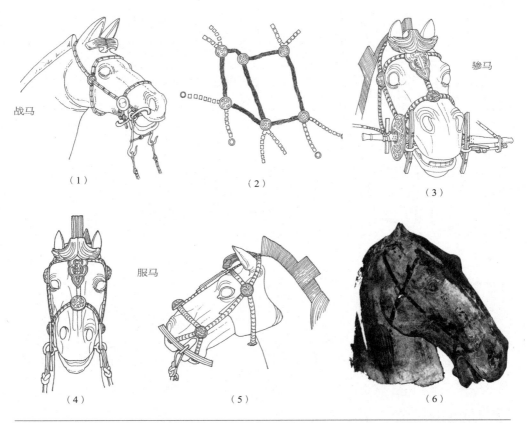

战马

骖马

服马

（1）　　　　　　（2）　　　　　　（3）

（4）　　　　　　（5）　　　　　　（6）

图7-1　（1）秦始皇兵马俑2号坑战马辔头复原图　（2）2号坑马辔出土平面图（黑色为皮革朽痕）　（3）秦始皇陵铜车马1、2号车骖马辔头　（4）（5）1、2号车服马辔头　（6）山东青州香山汉墓出土彩绘陶马头

的圆泡（图7-2）。

　　辔头上最大的饰品是当卢，其造型变化较大，秦至西汉初期主要流行叶形当卢，如秦始皇陵铜车马的金当卢，上圆下尖、两侧各有三弧，河北满城刘胜墓出的长条三角形当卢，线条轮廓虽然简洁，但面上以鎏银衬底，用阴线镌刻出流云纹和鸟兽纹，再用鎏金勾勒，制作工艺高超，同墓还出土一种马面形当卢，双耳上卷，鼻梁处镂空，有铜质和银质两种，铜质鎏金，阴线刻纹；银质的表面镶嵌有各种形状的玛瑙，马面形当卢的外形在西汉末年和东汉时期不断发生变化，有的顶部与两侧似有伸出的

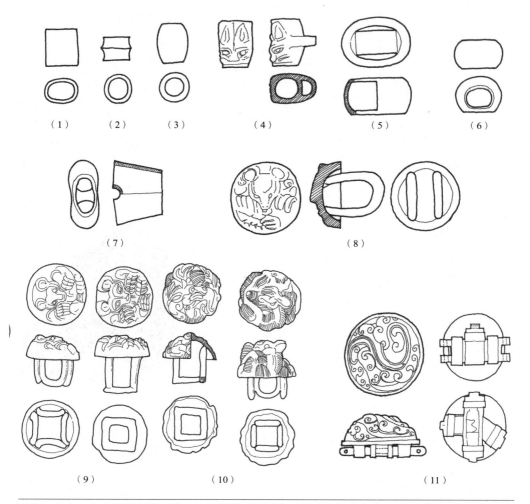

图 7-2 （1）—（7）秦汉时期的辔饰 （（1）秦始皇兵马俑 1 号坑出土）（8）—（11）节约 （（2）（10）
山东临淄西汉齐王墓出土 （3）—（9）河北满城刘胜墓出土 （11）秦始皇陵铜车马坑出土）

鸟头，有的呈不规则的涡旋纹（图7-3）。

秦汉时期的镳衔也较有特色。镳的基本外形有两种：

一种为"S"形，像双头内弯的钩子，秦始皇陵兵马俑坑的战马都用此镳。汉代时
"S"形镳仍很流行，但镳体的弯曲度稍有减小，也不像秦代那样细而圆，而是宽且扁

平，顶端大都截齐。有些中间收细如船桨，考究的则在两头相背一侧作出卷云纹的花，中间镂空或者错金银。

另一种为微弯的直尺形，秦始皇陵1号、2号铜车的驭马都用这种镳，在西汉初的河北满城刘胜墓中也出土过几件，但这之后就很少见到了。

马衔仍是传统式样，秦汉两代未见大的变化。

这时还出现了新的橛、镝。

橛是一根长长的两头细中间粗、表面满布乳钉的圆铜棒，棒的一端横贯一根铜条，另一端有鼻钮；镝由数节（最少三节，最多六节）满布小刺或十字纹的圆形、长圆形铜球如链条般相互勾连而成，两端有的有马衔的椭圆形环，有的装有带扣。橛、镝的缩小制品均出于秦始皇陵铜车马坑，镝的实物在重庆西汉墓中曾发现过（图7-4）。

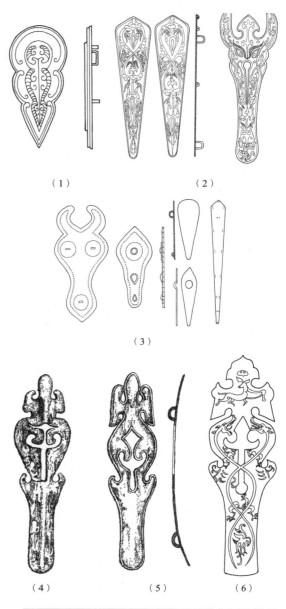

（1）

（2）

（3）

（4）　　　　　（5）　　　　　（6）

图7-3　秦汉时期的当卢　（1）秦始皇陵铜车马坑出土金当卢　（2）河北满城刘胜墓出土鎏金银当卢　（3）河北满城刘胜墓出土银镶玛瑙当卢　（4）洛阳五女冢出土铜当卢　（5）河北阳原出土铜当卢　（6）湖南长沙出土鎏金当卢

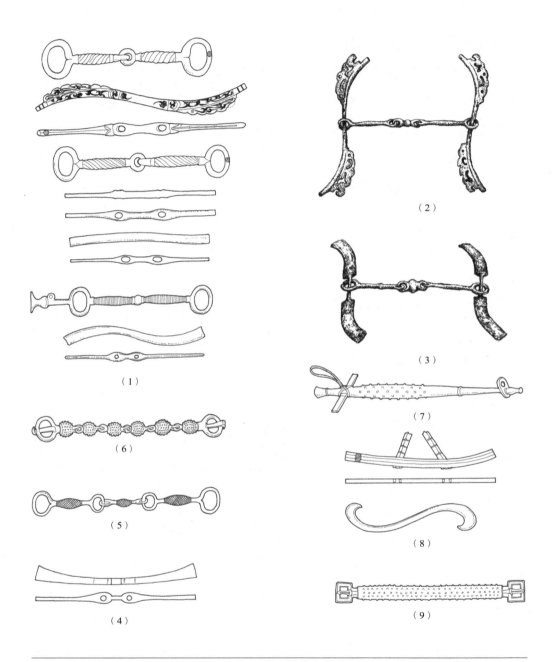

图7-4　秦汉时期的镳、衔、橛、镝　（1）河北满城刘胜墓出土　（2）（3）河北阳原，河南洛阳五女冢出土　（4）（5）重庆临江路汉墓出土　（6）（7）秦始皇陵铜车马坑出土　（8）秦始皇陵兵马俑坑、铜车马坑出土　（9）河北邯郸战国墓出土

橜、镳均见于史籍，《史记·司马相如列传》："犹时有衔橜之变。"司马贞《索隐》："张揖曰：'衔，马勒衔也。橜，騑马口长衔也。'周迁《舆服志》云：'钩逆上者为橜。橜在衔中，以铁为之，大如鸡子。'《盐铁论》云：'无衔橜而御悍马是也。'"对照实物，张揖所论橜之形状与实物相符，而周迁所说的橜应改为镳才对，但他所说的"橜在衔中"是正确的。

在秦始皇陵两辆铜车的骖马口中，外层是传统的马衔，里层是橜衔，橜面向服马贯有铜条的一端套有一圆形铜片，铜片的下方开有小孔，让马衔的环从孔中伸出，环内贯镳，镳再与辔头颊带相连使勒、橜成一整体（参见图7-1（3））。镳发现时都在御官俑脚旁，发掘简报认为可能是控御服马的备用物，根据文献与实物推测，其用法与橜是一致的。

西周、春秋时期控驭烈马常用笼嘴与钩（参见先秦马具部分），镳、衔完备后笼嘴、钩渐废，橜、镳是笼嘴、钩的替代物，它们与衔一前一后卡在马口内，使马嘴不能闭合，起到制止烈马撕咬的作用，有些狂暴不羁的马，要制服它光靠勒可能仍有困难，必须借助橜、镳才能奏效。

橜、镳的雏形很可能在先秦时期就已出现，河北邯郸的战国墓中曾出土了一件两头如镳、中间如橜满布小刺的圆铜衔（参见图7-4（9）），沈阳郑家洼子战国墓也出土过一种很长的带有四个环的衔（参见4-6（6）），这些形制独特的衔应当说已经具备很多橜、镳的特征了。

秦汉时期，西周流行的马冠早已不再使用，而改用马胄。

陕西凤翔八旗屯BS33号车马坑的六匹服马头部均发现长40厘米、宽27厘米呈长方形的马面饰印痕，面饰以麻布为底，上髹赭色漆，位于马眼处开有椭圆形孔。在贵州兴义、兴仁出土的铜车马的马面额上也有涂金色的面具，这些面饰面具都是从马胄演变而来的。

马胄是马甲的部件，年代最早的实物是在湖北随县擂鼓墩战国初期的曾侯乙墓中出土的，用皮革制成，覆盖面在面饰、面具的基础上从马的前额部扩展到两颊与鼻部，双耳、双眼和鼻孔处开有椭圆形与叶形孔，位于眉弓、面颊和耳下部位还用数层皮革叠压堆后再雕刻出半立体图案，表面髹黑色底漆，再用红、黄、白、金等色绘出"卐"字纹、异兽纹、云纹，并用卷草纹作边饰，彩绘用笔工整流畅，整件马胄看上去金碧辉煌，同墓还出土很多残损的皮甲片，表面也有与马胄相同的精美彩绘，根据其尺寸推测应该是马甲的甲片（图7-5）。[69] 完整的马甲出土于湖北荆门包山楚墓，[70] 经清理后已经复原，全甲由颈甲、身甲、胄三部分组成，这副甲仅髹黑漆而无彩绘（图7-6）。

马甲用来保护战马，东汉时称"马铠"。《宋史·仪卫志六》中定名为"具装"，在

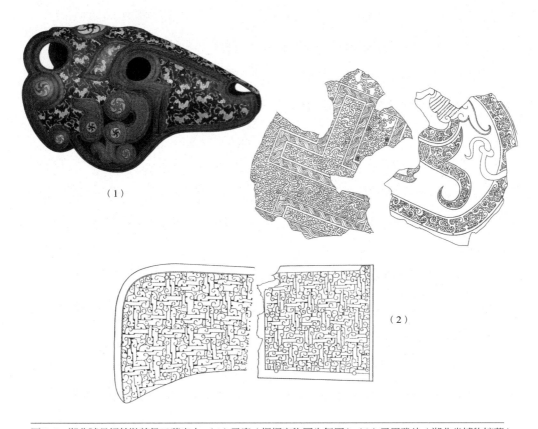

（1）

（2）

图 7-5　湖北随县擂鼓墩曾侯乙墓出土　（1）马胄（根据实物写生复原）（2）马甲残片（湖北省博物馆藏）

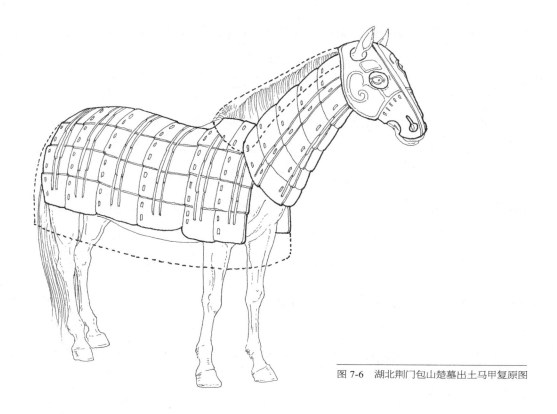

图 7-6　湖北荆门包山楚墓出土马甲复原图

南北朝时期盛极一时。在鞍具尚不齐全的战国时代，战马披甲可能会给骑兵造成乘骑上的困难，所以有理由认为当时的马甲是供驾战车的马披挂的，至秦汉，车渐已不参与作战，马甲也暂时衰落，仅作为饰品而保留了马胄，这时的马胄不如说是扩大了的当卢，将其列入面饰、面具应是符合实际的。

（二）秦汉挽具。

秦汉时期的挽具共有两种，一种用于独辀车；另一种用于双辕车。

用于独辀车的挽具标本也出于秦始皇陵两辆铜车马上，那些用金、银、铜维妙维肖地模仿皮革、绳索制成的颈靼、靳、鞴、鋈、缰、纷等带表明，秦代沿袭了先秦的挽具和驾挽方法，但在结构与部件上做了进一步的调整与改进。有关挽具的使用与作用在先秦部分都已作了介绍，此处不再重复，现仅就尚未涉及的部分做一些补充说明。

胁驱，秦始皇陵两辆铜车马的鞅带上面朝骖马肩部一侧都悬挂有一只外形像飞燕，中间伸出长长的带刺铜管的物件，这一物件称为"胁驱"（图7-7（1）），其作用是为了保持骖、服马之间的间距，不使骖马太靠拢服马而影响服马行走，特别是在车拐弯时，此物能随时提醒骖马配合行动。从理论上来说，在先秦时期的驷马车上也不能缺少胁驱，所以孙机先生在他的论文中援引张长寿先生的意见，[71] 认为长安张家坡、甘肃灵台、北京昌平等地的西周、战国车马坑出土的一种带刺的"U"形铜板就是早期的胁驱（参见图7-7（2）），这一说法虽然暂时还不能确证，但并不是没有道理。

轭垫，它是捆缚在轭肢内侧，防止木质轭脚磨伤马的皮肤的衬垫，衬垫似用皮革制成，长方形，较厚，在两层皮革中间好像有填充物，在先秦的车马坑中也发现过类似的遗迹，但保存情况很糟糕，辨识十分困难，秦始皇陵铜车上用铜浇制的轭垫是唯一准确的形象（图7-8）。轭垫是挽具中颇为重要的副件，与以后双辕车的衡垫、肩套虽性质不同，但后者显然是受到其启发的。

秦代的挽具与系驾方法虽然由铜车马表现得淋漓尽致，但并不能完全肯定就是最初的原型。铜车马在出土时毕竟已是碎片，修复过程中并不能保证不出差错，疑点集中之处是

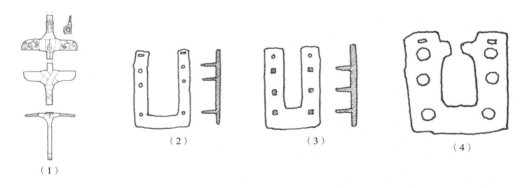

（1）　　　　　　　（2）　　　　　　　（3）　　　　　　　（4）

图7-7　（1）秦始皇陵铜车马的胁驱　（2）—（4）疑为先秦时期的胁驱　（（2）北京昌平出土　（3）甘肃灵台出土　（4）长安张家坡出土）

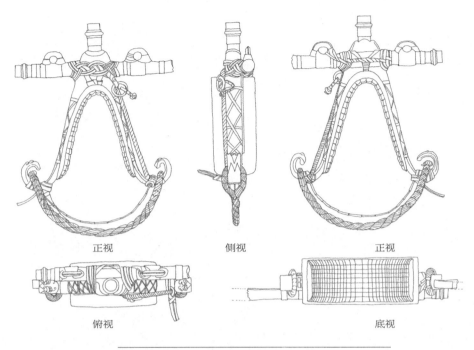

正视　　　　　　　　侧视　　　　　　　　　　　　正视

俯视　　　　　　　　　　　　　　　底视

图 7-8　秦始皇陵 1 号、2 号铜车轭垫的正、侧、俯、底视图

车辀辕饰后面的两个捆在一起面向上的大铜环，环中不着一物，与理不合，发掘修复简报也指出了这一问题（参见图7-9（1））。

在这个部位有双铜环的不只秦始皇陵的两辆铜车，江陵九店、平凉庙庄等地出土的车上也都有，而且在辀两侧双环之后还有很清晰的革带朽迹（参见图2-70（1）、图5-3（1）），这些革带无疑是从铜环中间穿过的，类似的现象甚至在商周车上也有发现（参见图7-9（2）—（5））。有关专家认为这些革带是用来约束服马用的胁驱带，而笔者以为这很可能与双马驾挽车时服马佩靷有关。

我们从秦始皇陵铜车马上可以发现，四马驾车时拽靷拉车主要靠骖马，服马的靷只是系在辀脚上，并不能很有力地起到牵引的作用，如果双马驾车单靠服马拽靷的话，必定要改变系法，而另一种系法也许就与这两个铜环有关。造车时不可能只考虑四马驾挽的要

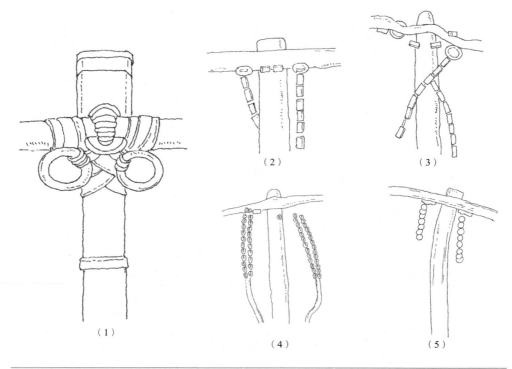

（1）　　　　　　　　　　　　　　（4）　　　　　　　　　　　　　（5）

图 7-9 （1）秦始皇陵铜车辕饰后的双铜环 （2）洛阳老城西周车上辀、衡处的革带朽迹 （3）（4）长安张家坡西周车上辀衡处的革带朽迹 （5）山东滕州前掌大商代车上辀衡处的革带朽迹

求，必须做好两种准备，秦始皇陵铜车上的双环闲置着是因为此车用四马驾挽，如用双马的话，双铜环应就能派上用处了，但这些想法都还只是猜测，新材料的出现会为我们提供新的研究方向的。

　　为使读者更清楚地了解秦代独辀车的系驾方法和各种马具、马饰与挽具，笔者根据秦始皇陵2号铜车的发掘修复报告绘制了详细的复原图，某些部位还作了剖视图，以便对照（图7-10）。

　　汉代初期独辀车的驾挽可能仍沿用秦代的方法，由于挽具没有发现遗物遗迹，尚不清楚是否出现过新的品种。独辀车在中国使用了约一千五百多年，影响深远，虽然目前还没

图 7-10　秦始皇陵铜车马坑 2 号车复原图

有确凿证据证明中国的独辀车曾流传到世界其他地区，可是在苏联乌拉干河流域的巴泽雷克地区的一座公元前200多年的古墓中出土的一辆保存完好的四轮独辀车，其衡、轭形象与中国古车的很相像（图7-11），整辆车的用材与制造方法也和中国的很接近，都用木料，连接处也都用皮带捆缚。[72] 独辀车直到20世纪中期尚在使用，现在柬埔寨等东南亚国家的牛车仍采用独辀结构，但是在辀衡的构造和驾挽方法上已有了较大的变化（图7-12）。

图 7-11　苏联巴泽雷克 5 号墓出土独辀四轮马车（根据实物照片绘制）

图 7-12　柬埔寨牛车模型（柬埔寨国王西哈努克赠）

从西汉中期开始双辕车逐渐普及起来，这时驾车的马集服马、骖马于一身，承担起挽车、拽车的全部任务，车的结构改变了，挽具与驾挽方法也相应需要调整，调整的重点是在拽车的靷上。

轭移入车衡中间以后其用法照旧，所以颈靼等缚轭挽具无须变动，只有原来的服马虚拽靷与骖马偏套靷现在合并为单马正套实拽靷了，靷带不再似秦代像一个大绳套一样套在马颈上，而是呈"U"形环围在马的前胸，两根靷绳分别在双辕中段的翘弯处打一结，使靷与车辕保持在同一高度，剩余的部分固定在车轴或前轸木上。为了防止细靷绳磨伤马胸，套在胸前的一段靷这时改成了宽胸带，甘肃武威磨咀子出土的木轺车在木马胸前还有一根铜制胸带（参见图5-24），以此推测制作胸带的材料不仅有皮革，也可能使用金属，当然金属胸带会像轭一样给加上衬垫。

古称胸带为"当胸"，又名"缨""镂膺"，有时还称"靽"，是双辕车挽具中至关重要的一件，《后汉书·鲍永传》曾记载："永乃拔佩刀截马当胸，乃止。"类似的史料在《左传》《后汉书·周章传》里都可见到，并且说法一致。可见若无胸带双辕车就不能驾驭。

没有变化的是服马用的鞧带，系结方法也与秦代相同，带身穿过马腹后两端系在车衡上，以防车辕上扬。鞧带经过靷绳时与靷绳打结，以帮助固定胸带的位置。至于骖马颈上的缰已弃而不用，而靷的环套则保留下来，但也是用来固定胸带的，环套的一侧装有一环，环上缚纷以拘系马尾。

上述挽具的结构在河南荥阳苌村汉墓壁画的车马图上表现得很清楚，可以作为参考（图7-13）。

在双辕车的挽具中还增加了加固杆。双辕车为了减轻单马驾挽的重负和上下坡时产生的冲力与拉力，必须像独辀车一样双辕上曲，其翘曲的角度比独辀车的要求更高。然而，辕的弯度一大，就不能用较粗硕的材料煣制加工，车辕就显得单薄易折。《汉书·李广苏

图 7-13　河南荥阳苌村汉墓壁画《白盖轺车图》

建传》："前长君（苏嘉）为奉车，从至雍械阳宫，扶辇下除，触柱折辕。劾大不敬。伏剑自刭。赐钱二百万以葬。"车辕撞在柱子上就会折断，可见是不很坚固的，这可能也是造成汉代轺车车厢狭小的主要原因。为了防备行车时车辕突然折断，两汉的双辕车都在辕的起弯处绑一根加固杆，杆的另一头缚在轭的軥上，一者用于固定轭的倾斜度，避免軥前后摇摆时牵动车衡而拗折车辕，二者可以分解因车身颠簸而引起的车辕震荡，以增加车辕的强度。加固杆的样式与用法在山东沂南、福山、嘉祥等地出土的画像石和顾恺之的画作上都刻画得很清楚（参见图7-14，图6-8（1）、图6-9（1)）。其余如辔绳等与秦代相同，都是穿过车衡的辕掌握在车御手中。

双辕车也并不全是单马驾挽，四川成都新繁清白乡1号墓出土的《骖驾轺车图》和成都跳蹬河出土的《车马过桥图》两块画像砖上，就有两匹马和三匹马驾的轺车

（图7-15），江陵凤凰山167号墓出土的辎车模型也是双马驾挽。服马用的就是上文介绍的挽具，而骖马用的必是秦代独辀车的挽具。

（三）秦汉的鞍具。

鞍具是骑马用的鞍、镫与固定鞍的胸带、鞦带、肚带以及障泥的总称。鞍具的普及和进步与骑兵的发展有着密切的联系。

中国古代的鞍具出现于战国时期。

图 7-14 （1）《齐山老子见孔子》画像石（山东嘉祥出土）（2）《列女仁智图卷》（东晋顾恺之之作）

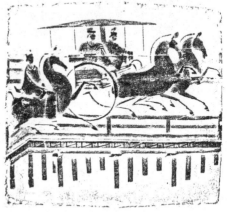

图 7-15 （1）《骖驾辎车图》画像石（四川成都新繁清白乡出土）（2）《车马过桥图》画像砖（成都跳蹬河出土）

1992年在新疆鄯善的苏贝希墓中出土的马鞍具就是战国时期的，它保存得非常完好。马鞍表面用皮革制作，中间填塞羊毛加厚鞍垫，周边用很细的皮线密密缝制，鞍面上有规律地缝出凹陷的圆窝，以固定充填的羊毛，使其分布均匀。马鞍呈长方形，像皮垫，横向分为两半，左右两片较厚，中间衔接处较薄；鞍面上有三条宽皮带，中间一段不缝死。整个鞍垫似可对折，在鞍两端纵向最宽处钉有制作精巧的骨饰，每组骨饰两件，一件装皮条，另一件装骨质环扣，皮条有的是用来装饰的，有的则用来固定鞍垫，环扣主要供系结皮条时用。马鞍表面中间横向宽带下连一条肚带，肚带位于马腹下一段是柔软的羊毛编织的。在鞍的底面还垫有一层红毡，是用来防止马鞍磨伤马背的鞍鞯。 另外还发现有用皮条制成的马辔及铁衔木镳（图7-16）。

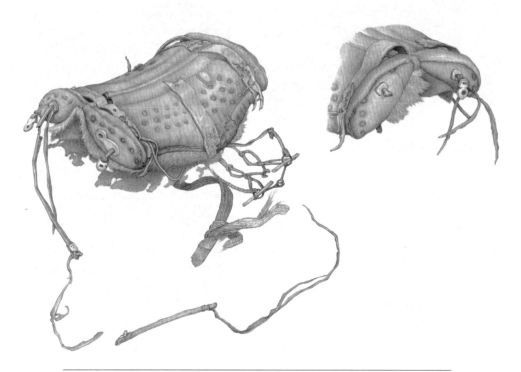

图 7-16　新疆鄯善苏贝希墓出土马鞍具（根据实物写生，新疆维吾尔自治区博物馆藏）

这套鞍具告诉我们，早期的马鞍没有鞍桥，骑马也没有马镫。

秦代的鞍具依然未突破新疆鄯善战国马鞍具的水平。秦始皇兵马俑坑出土的战马俑上，雕塑出来的鞍具与新疆鄯善的实物极为相似。西汉初期仍没有发展，陕西咸阳杨家

（1）　　　　　　　　　　　　　（2）

（3）　　　　　　　　　　　　　（4）

图 7-17　（1）秦始皇陵兵马俑坑出土战马俑　（2）江陵凤凰山 167 号汉墓出土骑士俑　（3）陕西咸阳杨家湾出土西汉骑士俑　（4）山东青州香山汉墓出土彩绘骑俑

湾、江陵凤凰山167号汉墓出土的骑士俑和山东青州香山汉墓出土彩绘陶马俑上所能见到的还是类似的鞍垫（图7-17）。

有鞍桥的马鞍出现于西汉末年。

在河北定县出土的一组铜车马具中有一件马鞍的模型，鞍的两头出现了直立的、但较低平的鞍桥；广西西林出土的一尊铜骑俑上，也有相同鞍桥的马鞍。低鞍桥马鞍在东汉时期流传较广，甘肃武威雷台出土的大批铜骑俑，马背上都置有这种低鞍桥马鞍，而在山东滕县、陕西绥德等地出土的画像石上，也都清楚地表现出了这种马鞍的形象（图7-18）。东汉的马鞍在鞍鞯下还出现了两块宽阔下垂的障泥。"障泥"之名见于《世说新语·术解

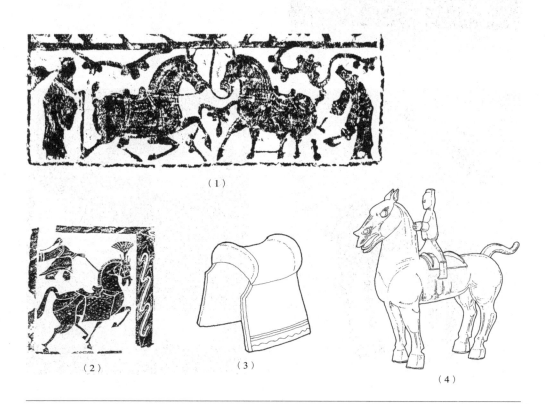

（1）

（2）　　　　（3）　　　　（4）

图 7-18 （1）《铺首凤鸟、双马》画像石（山东滕县龙阳店出土）（2）铜马鞍模型（河北定县出土）（3）墓门横额画像石（陕西绥德出土）（4）铜骑士俑（广西西林出土）

篇》，[73] 一般用织锦、布帛制成，其作用一是遮挡马奔跑时踢起的尘泥；二是防止骑士穿的铠甲、佩带的武器磨伤马腹。

马鞍搭在马背上主要依靠肚带来收勒固定。肚带分长短不一的两段钉在鞍中间，在短的一段上装有带扣。固定马鞍除了肚带外还有胸带、鞧带，胸带在前环围马胸，鞧带在后，穿过马尾环围马臀，这两条带也都是用带扣系束的。

最早的带扣并不是用于人束腰带，汉代之前人束腰带都用带钩，带扣是专为马具设计的。带扣的种类很多，有鸭嘴扣、无舌扣、有舌扣等，秦汉时期用得最多的是鸭嘴扣，这种带扣属死舌扣（指扣舌不能转动），其形制较为原始（图7-19）。汉代还流行在胸带、鞧带上装珂，《西京杂记》中曾记载：武帝时"以南海白蜃为珂"，其实物未见出土，但在杨家湾战马俑和香山彩绘陶马俑上常见吊挂红缨以做装饰。

至于马镫，东汉时仍未出现，这从东汉末年的墓室壁画、画像石图像上可以清楚地看出（图7-20）。

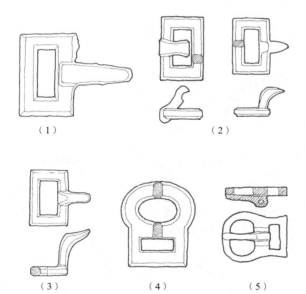

（1）　　　　　（2）

（3）　　　（4）　　　（5）

图 7-19　秦汉时期鞍具上的带扣　（1）秦始皇陵 1 号兵马俑坑出土　（2）山东临淄西汉齐王墓出土（3）（4）（5）河北满城刘胜墓出土

图7-21、图7-22、图7-23、图7-24是汉代的马具、鞍具与独辀车、双辕车的驾挽方法的综合复原图，复原图中每个局部的形象都是选择出土实物资料中最突出、最有代表性的部分组合而成的，以使读者对汉代车马形制有一个直观的、总体的认识（秦代的综合复原图可参见图7-10）。

图 7-20 （1）《东王公·乐舞·庖厨》画像石上的东汉骑士形象（山东嘉祥宋山村出土）（2）《武士出行图》（河南荥阳苌村汉墓壁画）

（1）

（2）

图 7-21　西汉初期马鞍具复原图

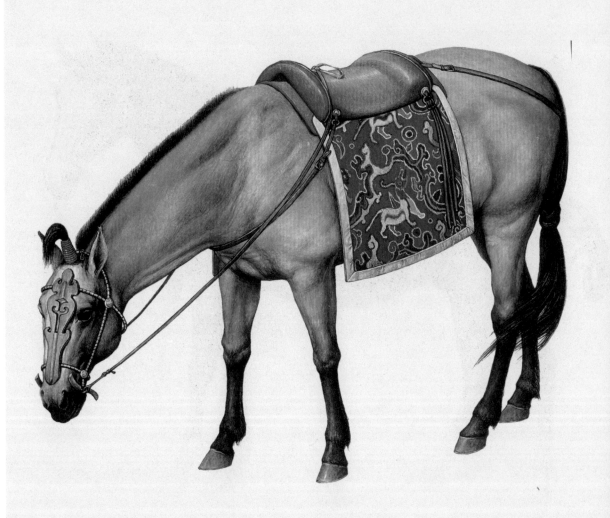

图 7-22 东汉晚期马鞍具复原图

图 7-23　西汉独辀车综合复原图

图 7-24　东汉双辕车综合复原图

捌 · 魏晋南北朝的马具与马铠

中国古代马具发展的成熟期是在魏晋南北朝，成熟的首要标志是马镫的出现。

在出土文物中，最早出现马镫形象的是湖南长沙西晋晚期墓（西晋永宁二年，公元302年）出土的一件陶鞍马俑。这件陶马俑的左侧障泥塑有一个三角形镫，同墓还有另一件陶骑士俑也有这种镫，它被确证是专供上马踩踏用的，骑士上马后便将它闲置一边（图8-1）。

1974年在安阳殷墟西区的孝民屯南地晋墓中发现了单马镫的实物。[73]镫以木为芯，外包铜片，表面鎏金，上端为长柄，下端为扁圆形镫环，柄头部有一方形孔用来穿皮带以便悬挂（图8-2）。这座墓与长沙墓的年代相近，在西晋末年与东晋初年之间。

双马镫最迟在东晋初期已开始使用了。南京象山7号墓（该墓年代约为东晋永昌三年，公元322年）出土的陶马上已清楚地塑出一对外形与安阳殷墟西区孝民屯晋墓的实物很相似的片形马镫，而实物是1982年在辽宁朝阳袁台子东晋墓中发现的。[74]这副马镫也是木芯，外包皮革，皮革上再髹漆并彩绘。镫的外形与安阳的稍异，镫环略呈三角形。类似的马镫在吉林集安七星山、万宝汀和禹山下等地的高句丽

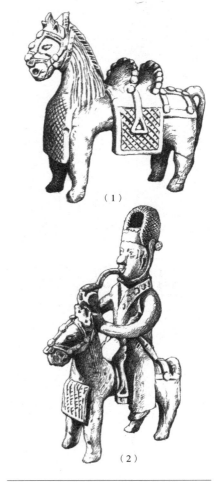

图8-1 （1）陶鞍马俑 （2）陶骑士俑（均为湖南长沙西晋墓出土）

图8-2 河南安阳孝民屯晋墓出土的单件马镫

墓中出土更多，大部分是木芯外包鎏
金铜片，少数外包的是铁片，有的在
镫面还钉有乳钉。[75] 单片形马镫到南
北朝时期仍很普遍，辽宁北票北燕冯
素弗墓出土的一副，除了圆形镫身的
内圈比外圈略有加厚之外，无论造型
还是制作方法都与魏晋时期的完全相
同（图8-3）。[76]

镫的发明解决了长期存在的骑马
上下马难、骑上马后马一奔驰就不易
保持身体平衡的问题，对推动骑兵的
发展起到了关键的作用。

马具成熟的第二个标志是高鞍桥
马鞍的出现。

看了湖南长沙那件带镫的鞍马
俑后（参见图8-1（1）），人们一定
已经注意到了马俑上的马鞍。马鞍的
两头有高高竖起的鞍桥，鞍桥顶面还
钉有泡饰，这件俑的塑造技术较为粗
糙，形象有些夸张走样，准确性当然
不如出土的实物。高鞍桥马鞍实物也
是在安阳孝民屯和辽宁朝阳袁台子两
座出马镫的墓中出土的（两座墓里

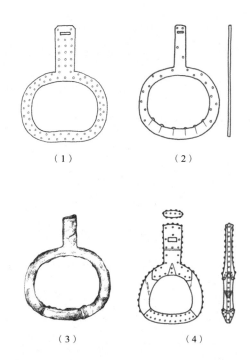

（1）　　　　　　　（2）

（3）　　　　　　　（4）

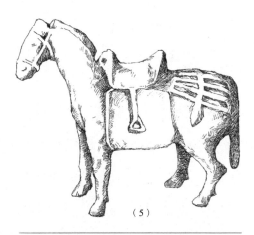

（5）

图 8-3　魏晋南北朝时期的马镫与鞍马俑　（1）吉
林集安七星山 96 号墓出土　（2）吉林集安万宝
汀 78 号墓出土　（3）吉林集安禹山下 41 号墓出
土　（4）辽宁北票北燕冯素弗墓出土　（5）南京
象山 7 号墓出土

都有整套的鞍具）。马鞍均为木制，出土时皆已腐朽，但马鞍桥外表镶包的鎏金铜片（孝民屯）和包裹的皮革（袁台子）因髹过漆而未全烂掉，保存较好。根据木鞍的朽迹及鞍桥片的外形位置可以看出，魏晋时期的马鞍由四块木板拼成：两块作鞍面，呈"∧"形拼合，合缝处外表刨圆；两块作鞍桥，鞍桥下平面在相距鞍面两头一段距离处与鞍面垂直拼接，前鞍桥之前、后鞍桥之后伸出的一段鞍面是为鞍翼。鞍桥的顶端微拱，两角圆润；在前后鞍桥的外侧钉缀有鎏金包片，边缘包有鎏金压条，压条用铜铆钉固定。鞍面一般直接髹漆，很少包裹皮革。整个鞍面近马肩处稍窄，近马臀处较宽，所以前鞍桥略显低窄，后鞍桥略为宽高。在鞍桥两侧下缘开有穿孔，用于穿肚带和马镫带；在鞍桥前后翼片上也有对称的穿孔，前翼片上有一孔，用于穿勾形翼饰和系结胸带，后翼片上有二孔，用于装圆形翼饰和系结鞦带。各带都用带扣相互系联，这时的带扣已比秦汉时期的先进，都是扣舌可前后转动的活扣，结构与外形和我们今天所用的完全相同了（图8-4）。

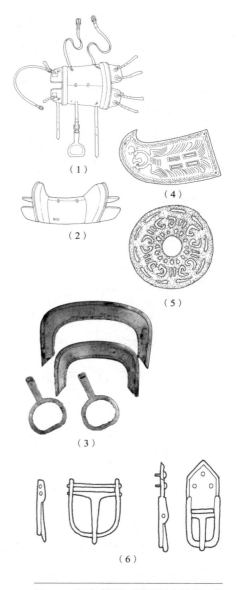

（1）

（2）

（3）

（4）

（5）

（6）

图8-4 魏晋时期的马鞍及鞍上饰品、带具 （1）（2）安阳殷墟孝民屯晋墓出土的马鞍复原图 （3）吉林集安高句丽墓出土的鎏金鞍桥包片 （4）安阳孝民屯晋墓出土的鞍前翼饰 （5）辽宁朝阳袁台子晋墓出土的鞍后翼饰 （6）吉林集安高句丽墓出土的鎏金带扣

高鞍桥马鞍与马镫的同时出现把古代马具的发展推向了一个新时期。

魏晋时期的马饰也很有特点。马辔上的当卢又长又大，外形颇像倒置的琵琶或吉他，上齐马额，下至马鼻，顶端竖有缨饰座，当卢面上周边用小铜管悬挂了很多杏叶饰片，这种饰片被称为"步摇"，取其随步摇动之意。 步摇本是汉唐妇女十分钟爱的冠饰，至宋明时代也常见佩插，白居易的《长恨歌》里"云鬟花颜金步摇"指的就是它。

马镳也一改已往的形制，呈片状，外轮廓或像红十字会会标，或像直口鼓腹罐，在方口顶端开有长方形穿孔，马辔的颊带穿过此孔与镳相接。镳的表面有的透雕镂刻有蛙形图案，有的周边钉有铜泡。在镳的中间另开有一方形孔，供马衔从孔中穿出，衔含于马口内的一段为铁质，伸出镳外的圆环为铜质，双环又各套一节长链，供系结辔绳之用（图8-5）。

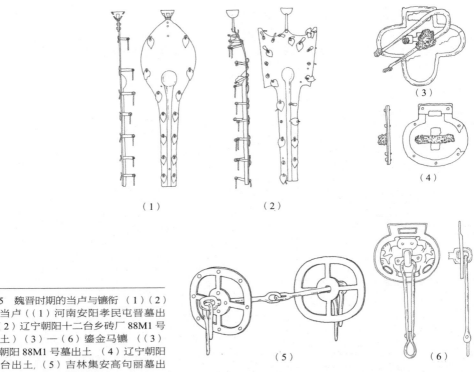

（1）　　　　　　（2）

（3）

（4）

（5）　　　　　　（6）

图8-5 魏晋时期的当卢与镳衔 （1）（2）鎏金当卢（（1）河南安阳孝民屯晋墓出土 （2）辽宁朝阳十二台乡砖厂88M1号墓出土）（3）—（6）鎏金马镳（（3）辽宁朝阳88M1号墓出土 （4）辽宁朝阳三合台出土 （5）吉林集安高句丽墓出土 （6）河南安阳孝民屯出土）

魏晋时期特别讲究胸带与鞦带的装饰。胸带仍只有一条，但鞦带由横带、直带交叉呈网状，在交叉点上还缀满小铜铃，铜铃有的像球，有的像莲蓬，镂空的铜铃座上有长柄，柄上套有铜帽，整体造型别致。在网状鞦带的中心处有的还装有镂空缨座，马套上鞦带后缨座的位置正好在马臀部的突出点，马臀上的缨与当卢上的缨一前一后相互呼应。在鞦带两侧最下一根横带上各吊挂有四片垂饰，少数垂饰的表面无花纹，多数则镌刻了凤凰等纹饰（图8-6）。马鞍具的铜饰件全都鎏金，整副鞍具看上去熠熠生辉，灿烂耀目（图8-7、图8-8）。

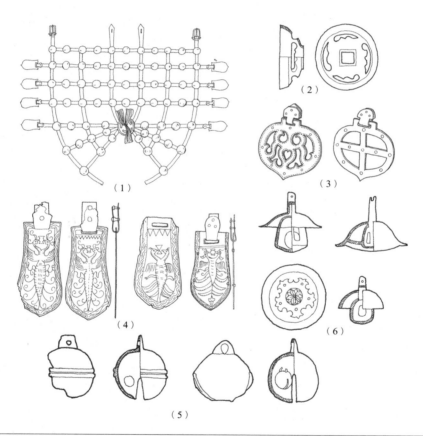

图8-6 （1）河南安阳孝民屯晋墓出土马鞍鞦带复原图 （2）鞦带缨座（安阳出土）（3）（4）鞦带片状垂饰（（3）吉林集安高句丽墓出土 （4）河南安阳孝民屯晋墓出土）（5）（6）胸带、鞦带上的铜铃（（5）河南安阳孝民屯出土 （6）辽宁朝阳袁台子出土）

图 8-7　河南安阳孝民屯晋墓出土的马鞍具复原图

图 8-8　辽宁朝阳袁台子东晋墓出土马鞍具复原图

魏晋时期的鎏金鞍具在不同的地区风格迥异。

东北的前燕政权区域盛行一种镂空雕饰，有关部门于20世纪70—90年代初，在辽宁朝阳等地通过发掘、民间征集和废品回收等手段，曾获得一大批铜鎏金鞍桥包片和鞍具饰件，这些包片和饰件的表面都錾刻有图案，这些图案以楔形点连成线构成。图案先以大小不等的龟背纹分割成块，每块内刻有龙、凤、虎、鹿、兔等形象，然后沿龟背纹、动物纹的边缘镂空。在翼片饰、马镳、銮铃的底面、带扣的长柄等平面部位也用相同手法镂雕出龙、忍冬花、凤鸟等纹（图8-9），[77] 经过这样加工的饰件特别精致细腻，衬在大红或黑色鞍架上，更显得鞍具金碧辉煌。

南北朝时期，由于葬俗的变化，除了马镫、马镳外没有发现别的马鞍具实物。从出土的大量陶鞍马俑的形象上可以看出马鞍在这时又有了新的改进：鞍桥已不像魏晋时期那样

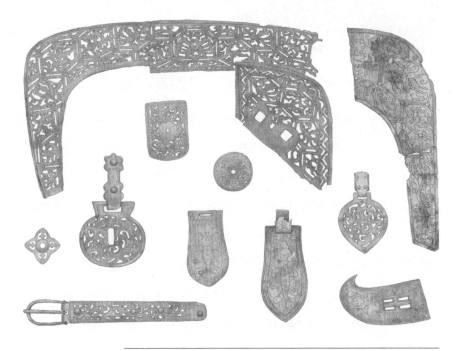

图 8-9　辽宁朝阳、北票等地出土、征集的鎏金镂空雕鞍具饰件与马镳

直立了，前鞍桥略向前倾，后鞍桥则向后仰，并且前鞍桥已高于后鞍桥（从鞍的侧面看呈前高后低的圆弧线形），整个马鞍的外形结构已很接近于现代的了。马镫悬挂的位置也开始向前移，基本与前鞍桥成一线。同时，障泥也不像过去那样是竖长方形的，其下缘的前角略伸长前倾，呈梯形分两片吊挂于鞍鞯之下。胸带这时流行装饰大朵的缨络。鞦带有的仍是网格形，有的则如胸带一样，只是一条，网格鞦带上有时也装繁缨，两种鞦带上都有杏叶垂饰。

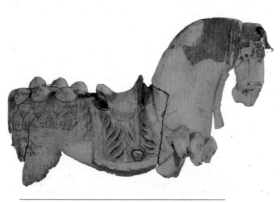

图 8-10　河北滋县东魏墓出土北齐彩绘鞍马俑

流传了两千余年的马辔上的当卢此时却不见了（图8-10）。马辔上的马镳除了有魏晋时流行的圆形镳之外又恢复使用秦汉时期的"S"形镳，这种镳在山西太原的北齐娄叡墓壁画《仪卫出行》图上描绘得很清楚；而片状镳的轮廓也并非全是圆形，河北滋县东魏墓出土的一件鞍马俑，镳的三面方圆，顶面呈波齿状。这时期还流行用皮革或织物做成颈披覆盖住马鬃，颈披用多根皮带系结。南北朝时，鞍具齐备的马如暂不乘骑就要用绫罗覆盖，覆盖的织料被称为"鞍袱"或"鞍帕"，杜甫的《骢马行》中"银鞍却覆香罗帕"的罗帕，指的就是它（图8-11）。

曾于战国时期初现风姿而在秦汉时期一度衰落的马甲在魏晋南北朝时又重新风靡起来。这时的马甲虽然在形制上与战国时期的无甚差别，但结构更合理了。除原来的马胄、护项不变外，身甲略微缩短了些，又增加了一块用于保护马尾之下的马臀与后大腿的"搭后"，搭后上面还覆盖一块半圆形的护臀甲。根据各地出土的甲片实物统计，这时的铁具装要多于皮具装，铁具装的甲片也要比皮具装的细小，并且根据马的体形把甲片做得长短不等，有多种弯曲度；铁甲片的编缀方法也不相同，有的用铆钉固定死，有的用皮条编缀

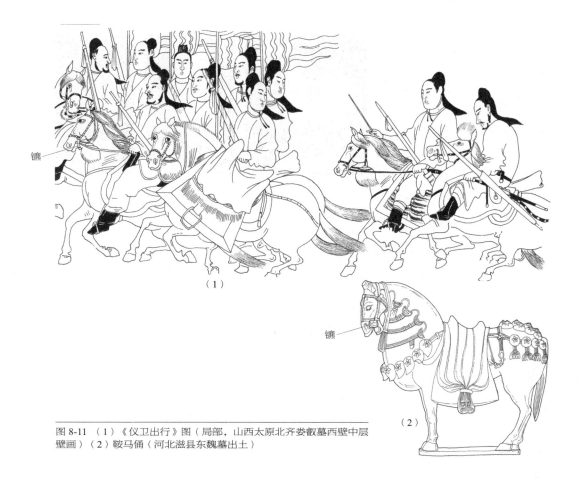

镳

（1）

镳

（2）

图 8-11 （1）《仪卫出行》图（局部，山西太原北齐娄叡墓西壁中层壁画）（2）鞍马俑（河北滋县东魏墓出土）

成可活动的。颈甲上面（马鬃部位）似用皮革或布帛包联，下缘则垂有裙边，裙边也可能是甲的内衬外露部分（图8-12）。在护臀甲的中心，即原来马鞍鞦带上安装缨座的位置上，这时出现了一件特殊的饰物——寄生。

寄生，其形有的呈扇形，有的像树枝，有的则似缤纷的焰火，置于马尻具装之上，以障蔽骑乘者的背部。从河南邓县、江苏镇江、云南昭通、吉林集安，南北等地出土的画像砖和墓室壁画上的形象可以看出（图8-13），装置寄生本来可能是为了保护战士的后背，但根据其形象和所处的位置分析，对骑士作战造成的妨碍远大于所起的保护作用，所以到

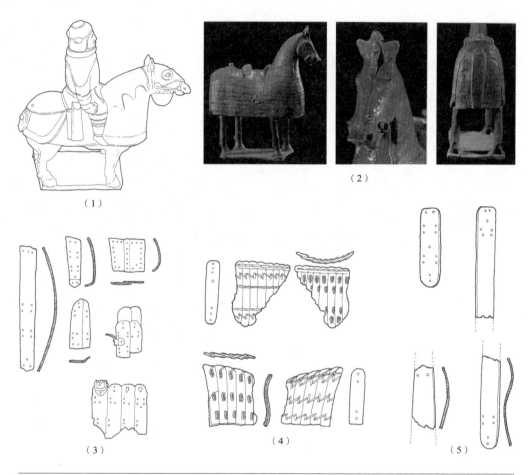

图 8-12 （1）山西祁县北齐墓出土的甲骑俑 （2）陕西咸阳平陵十六国墓出土釉陶铠马 （3）辽宁朝阳十二台乡砖厂 88M1 号墓出土的铁甲片 （4）辽宁北票北燕冯素弗墓出土的铁具装甲片 （5）吉林集安高句丽墓出土的铁甲片（其中（3）（5）中的部分甲片根据尺寸、弯曲形象推测有可能属于具装甲片）

隋代时已不再使用了。

　　具装，尤其是铁具装在汉末属贵重铠甲，数量很少。官渡之战时袁绍"简精卒十万，骑万匹"，而马铠只有300具，曹军更少，还不满10具。但到了南北朝时期，少辄数千，多则数万的重甲骑兵组成军团进行突袭战和围歼战，威力犹如第二次世界大战期间的坦克集团军。

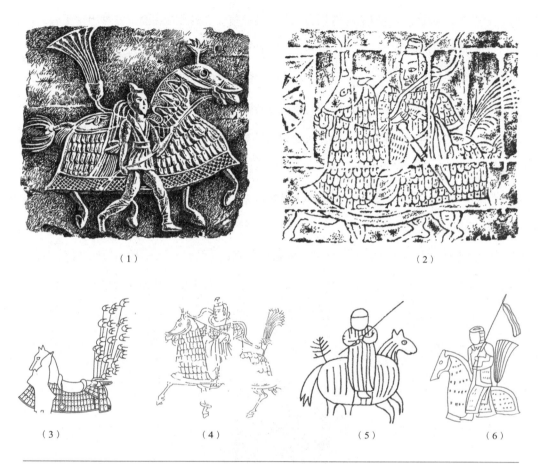

（1）　　　　　　　　　　　　　　　　　　　　（2）

（3）　　　　　　（4）　　　　　　（5）　　　　　　（6）

图 8-13　南北朝的具装与寄生形象　（1）河南邓县出土绘彩画像砖　（2）江苏镇江出土南朝画像砖　（3）云南昭通霍承嗣墓壁画　（4）江苏丹阳出土南朝画像砖　（5）吉林集安高句丽铠马冢壁画　（6）甘肃天水麦积山麦察 127 窟北魏壁画

　　在魏晋南北朝的墓室壁画和武士俑中具装骑兵形象随处可见，但出土的较为完整的实物依然很少。除了辽宁北票北燕冯素弗墓和吉林集安高句丽墓中发现了一些尺寸较长大，疑为具装身甲的铁甲片外，未见更有价值的东西（参见图8-12（3）（4））。

　　1988年在辽宁朝阳十二台乡砖厂的一次发掘中获得了突破性进展，从一座编号88M1属于东晋前燕的石室墓中，出土了一套较完整的铁制具装。其中人穿戴的兜鍪（即头盔）

与铠甲上的盆领和一件马胄保存得相当完整，可以复原。其余一千余片各种甲片可分为17种，由于锈蚀、放置散乱，已不能复原了。在17种甲片中有好几种可以明确辨认出是具装铠上的（参见图8-12（2））。[78] 铁马胄是由护唇片、护颊板、面罩三部分组成的。面罩在额部向上竖起，外缘装有一块中间有突出的杏叶的环形甲片；面罩前端连接一片半圆形护唇片，两侧各垂一半圆形护颊板；在面罩与护颊板合缝处开有眼孔。面罩、护唇片、护颊板均用铁销相连，都能转动折叠，一侧护颊板上还装有三个带扣，另一侧护颊板上有与带扣对称的穿孔，似用于穿皮带系结的（图8-14）。这套甲骑具装，特别是这件铁马胄的出土具有重要的价值。

中国的重甲骑兵曾在历史上产生过深远的影响，具装铠甲与马具不仅成为魏晋后各朝代的范本，而且流传到日本、朝鲜和亚洲其他地区，马镫更是传遍了全世界。马具的历史地位由于大量的出土实物早已得到各国学术界的公认，但铁具装在这件前燕马胄没有

图 8-14　辽宁朝阳十二台乡砖厂 88M1 号墓出土铁马胄（辽宁省博物馆藏）

出土之前却缺乏完整的实物可以做证，日本（1958年）与韩国（1985年）反而各出土了一件，现在，这一空白终于被填补了。从中、日、韩三件马胄的外形结构来看，韩国的与辽宁朝阳88M1号墓出土的更为接近，日本的则与吉林集安高句丽墓室壁画上的相类似（图8-15）。

"霜矛成山林，玄甲曜日光"，魏晋南北朝的铁骑曾纵横战场三百余年，在古代战争史上谱写过壮丽的篇章，它的雄姿在近代的藏甲中还能见到，直至20世纪初，西藏地区的藏兵仍然有人马披甲的重甲骑兵，当然，这时的主要作用是为了宗教礼仪活动制造神秘威严的气氛，但我们依然能感觉到当年的雄浑（图8-16）。[79]

（1）　　　　　　　（2）　　　　　　　（3）

图8-15 （1）日本大谷古坟出土的铁马胄 （2）韩国东莱福泉洞出土的铁马胄 （3）吉林集安高句丽三室墓壁画上的马胄形象

图 8-16 （1）魏晋南北朝时期重甲骑兵复原图 （2）1903 年的西藏甲骑具装

玖 · 魏晋南北朝以降的牛车与其他畜力车

在畜力车中历史悠久、普及面广的除了马车就数牛车了。

牛为人类服役的年代远甚于马，《周易·系辞下》中有"服牛乘马，引重致远以利天下"，先于马提到牛。牛性情温驯、力大耐劳且易于饲养，所以总是承担繁重艰苦的工作，它早就与人类的生活密切联系着。

陕西凤翔八旗屯秦墓出土的陶牛车模型是目前所知的最早的牛车，据此可知，用牛挽车应在战国初就已经开始了。又据江陵凤凰山、甘肃武威、青海西宁等地出土的铜、木牛偶车的车形判断，汉代的牛车大部分用于装载货物，很少作为载人的乘车（参见图9-1，图5-22）。难怪《晋书·舆服志》上说："古之贵者不乘牛车。"

牛车渐渐风光起来是在东汉末年。据《三国志·魏志·董卓传》记载，董卓被诛后其部将李傕、郭汜叛乱，汉献帝被迫亡命陕北，途中，"失辎重，步行，唯皇后贵人从至大阳，止人家屋中，奉、遥等遂以天子都安邑，御乘牛车……"因为牛车有"救驾"之功，所以"自灵、献以来，天子至士庶遂以为常乘"。（《晋书·舆服志》）

曹魏以后，牛车日益受到各阶层人士的青睐。当时的达官显贵出门都以牛车代步，以至于在这一时期的大型墓室壁画中也多以牛车作为主题来描绘（图9-2），同时大部分的墓中还随葬有陶牛车。牛车在这时已成为人们生活中最重要的交通工具。

图9-1　木牛车（青海西宁东汉墓出土）

图9-2 （1）《冬寿出行图》（朝鲜黄海北道安岳冬寿墓壁画）（2）牛车图（辽宁朝阳袁台子东晋墓壁画）（3）牛车图（甘肃酒泉丁家闸北凉5号墓壁画）（4）《娄叡出行图》（太原市北齐娄叡墓壁画）

晋代的牛车从墓室壁画中只能看出大致的轮廓。比较真实地再现其形象的是新疆吐鲁番阿斯塔那晋墓与湖北鄂城东吴孙将军墓出土的木、瓷牛车模型（图9-3）。在两件偶车中，似以木牛车的形制更准确些：

牛车的车厢呈纵长方形，双辕上翘，但弯度已很小了，辕伸出舆后的一段构成车轵；车上有像贵州兴义、兴仁出土的铜车那样的与车轿相连的穹形车篷，车篷的前后两端各伸出一段用以遮阳；车舆前后各开一门，门的位置左右错开，不开在同一方位上，舆前有一块伸出的舆底厢板，高度比车厢内的厢板略低，瓷车的模型上在这块厢板的左侧还有矮围栏，用以说明此处是车御的坐位；车轮仍像马车一样很高大，这是车辕变直所致，因为牛的身架比马低，如果仍是曲辀，车轮相应就应该大大缩小；车毂粗且长，辐近毂处也比马

图 9-3 （1）彩绘木牛车（新疆吐鲁番阿斯塔那晋墓出土）（2）瓷牛车（湖北鄂城东吴孙将军墓出土）

车显得宽厚，这应是装载重物所需要的。南京博物院陈列的一件复原后的东晋陶牛车展示了东晋时车马形制的新变化；车厢前的驭手室已经全部用矮辂包围起来，舆前已不开车门，而改成栅栏装置（用墨笔绘的竖线条）；在两侧的车辐上部还各伸出一车耳，耳上有三个孔，这些孔从山西大同北魏墓出土的木板漆画上可以看出是用来插支撑布檐的木杆的；与车辐相连的车篷前后两端这时流行向上微翘，向前后延伸得更长了，篷顶上还以两条横宽带来加固（图9-4），这件陶牛车的形象已经与南北朝的完全相同了。

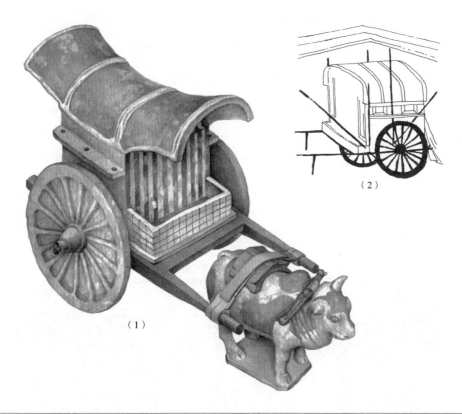

（1）

（2）

图9-4 （1）东晋彩绘陶牛车（南京博物院收藏并复原车辕等木质部分，但东晋时牛车驾挽尚未用小鞍，故牛背上的小鞍不知有何根据）（2）《鲁师母》图中的牛车（山西大同北魏司马金龙墓出土的木板漆画）

南北朝的高级牛车资料很多，其中最精致的是深圳博物馆收藏的一件北朝铜牛车俑。牛车结构完整，比例准确，细节清晰，拉车的牛造型生动逼真。与晋代的牛车相比，南北朝的车辕显得更粗硕平直；车厢的三面仍然是封闭的，在这件铜牛车俑上可以清楚地看到立体的格栅式封闭车輴；车篷的形象也没有变化，篷似乎是用毡或皮革（也可能是木板）等硬质材料制成，上面也用带横向绷拉；车轮刻画得特别仔细，轮牙由8块轮辋拼合而成，拼合处用钉加固，车辐16根，比马车车辐粗且近毂处比近牙处更宽厚，毂形似葫芦，短而圆浑，承辐一段特别膨出；车轴顶端也如马车一样套有车書、贯有车辖；车门开在车后，车门上沿、四边的角柱与横栏上都有用阴线刻上的花纹以表示彩绘（图9-5）。其他如河南偃师、陕西西安等地北朝墓出土的彩绘陶牛车，也都大同小异，有的车厢略变小些，像汉代的辂车一样横向广宽而进深较浅，有的在车厢的前面与两侧车輴上开有窗扉，车篷的前段伸出得特别长（图9-6）。

图 9-5　北朝铜牛车俑（深圳博物馆藏）

图 9-6　彩绘陶牛车　（1）山西太原北齐张肃墓出土　（2）陕西西安北朝墓出土　（3）河南偃师北魏染（冉）华墓出土

　　南北朝时期还有一种无篷的牛车，车厢的形制像中世纪的西式座椅，后面有高高的靠板，两侧是前低后高的曲线形輢板，輢板外侧有时还装有车耳，舆前也有低矮的车轮。这种车可能为达官显宦短程出行时所乘。《冬寿出行》图中冬寿的坐车可能就是这样的车，车中设有车座，上下车应是在轮前一侧，挽车的牛由侍从牵着走，所以车上无须另设驭手的座位（参见图9-2（1））。这时担任运输工作的仍是牛拉的大车，外形像树干一样的辕表明这种大车仍沿用汉代辇车的制式（图9-7）。

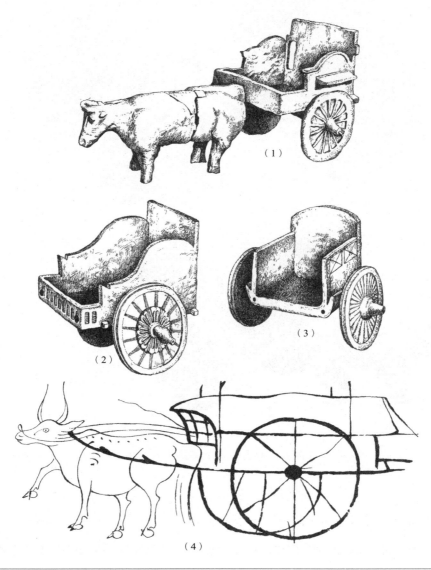

图9-7　（1）陶牛车俑（陕西西安草厂坡北魏墓出土）（2）陶车（河北滋县湾漳北朝墓出土）（3）陕西咸阳平陵十六国墓出土彩绘陶牛车　（4）牛车图（甘肃嘉峪关魏晋5号墓壁画）

南北朝以后已盛行骑马，一般富裕家庭不分少壮，男子出门骑马代步的居多，但牛车乘舆仍是老弱妇女长途旅行专用的交通工具。

隋代的牛车在山东嘉祥的英山、徐敏行夫妇合葬墓壁画《牛车出行图》中出现过，其形象与南北朝的相比没有明显变化，只是在轮前车辀的两侧多插了两支长戟，这可能是用来表明车主身份的（图9-8）。

唐代时牛车的形制依然如故，新疆吐鲁番阿斯塔那与哈拉和卓的唐墓中出土的木牛偶车，从外形看完全沿袭了晋代的车形（图9-9），尤其是哈拉和卓出土的那辆，在大的结构上与阿斯塔那晋墓出土的全都一致（参见图9-3（1））。在阿斯塔那唐墓出土的木牛车的变化也很小，除了在车舆前新开了一门两窗，其余一仍旧制；在前车辀左侧窗上还遗留有当时粘贴的薄纱，这说明那时车的门、窗上都有纱、帘等遮蔽物。在山东嘉祥的隋代壁画中，车后一人的动作就似在掀帘与车内人说话；而车辕似稍有变化，从侧面看车辕是平直的，但若俯看，车辕的前段向中心微弯，车轮的直径似乎比以往缩小了一些，车驾于牛背后，车辕会略向上仰，车辕上扬、车厢稍向后倾能使车产生冲力，可以减轻对牛项的压迫，使车行走起来相对轻捷一些，陕西西安出土的一件唐代绿釉牛拉车俑把这一状

图9-8 《牛车出行图》（山东嘉祥英山、徐敏行夫妇合葬墓壁画）

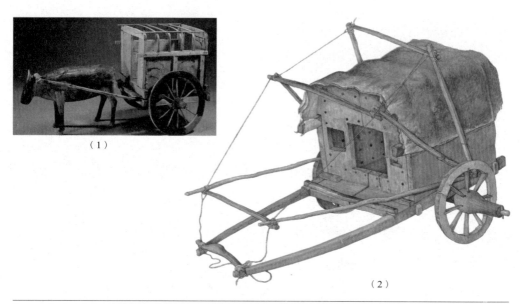

（1）

（2）

图 9-9 （1）木牛车（新疆吐鲁番哈拉和卓唐墓出土，新疆维吾尔自治区考古研究所藏）（2）彩绘木牛车（新疆吐鲁番阿斯塔那唐墓出土，新疆维吾尔自治区博物馆藏。据实物写生）

况表现得很准确（图9-10）。在阿斯塔那唐墓出土的木牛车上还保存有完整的用于支撑长檐的木架，如覆上布，其形象与《冬寿出行》图中的车檐完全相同。据《颜氏家训·勉学篇》说："梁朝全盛之时，贵游子弟多无学术，……无不熏衣剃面，傅粉施朱，驾长檐车，跟高齿屐。……从容出入，望若神仙。"

图 9-10 唐代绿釉牛拉车俑（陕西西安出土）

可见，长檐牛车在南北朝时是一些纨绔子弟喜爱的、被视为时髦的座车。长檐牛车到唐代时称"通檐牛车"。牛步履沉稳缓慢，行走时身体的起伏比马要小，所以坐牛车较为舒适，而且牛车四面密闭，车中设有几、座，人于车内可随意坐卧，轻松自如，不像在敞露的马车中，坐立都要讲究姿势仪容，难怪牛车备受追求逸乐生活的上层人士的偏爱。

唐代的牛车除了晋代的形制外也采用南北朝的式样。敦煌326窟东壁南侧下层壁画《女供养人与牛车》、陕西礼泉唐阿史那忠墓壁画《牛车出行》图中的牛车形象，高轮大篷，装饰华丽，外表与深圳博物馆藏的北朝铜牛车俑极为相似，但车舆的进深似有所增加，车厢显得较为宽敞（图9-11）。敦煌五代时期的《劳度叉斗圣变》《法华经变》等壁

（1）

（2）

图9-11 （1）《女供养人与牛车》敦煌 326 窟东壁南侧下层壁画 （2）《牛车出行图》（陕西礼泉唐阿史那忠墓壁画）

画中的牛车，车厢进一步拉长，与东汉末、西晋初的大车相仿佛，车辕既不像阿斯塔那的唐车那样横向弯曲，也不同于南北朝的略向上翘，变得完全平直且粗硕（图9-12）。

宋代的牛车在张择端的《清明上河图》中描绘得极清楚细致，大致可分为两种：

一种为上层士人、官吏眷属的坐车；车身很庞大，车轮高出人头顶一大截；车篷如歇山式屋顶，顶上据《东京梦华录》记载覆盖着棕丝，篷顶也像房顶一样压有脊梁；车厢板的四周有低矮的栏杆，栏杆内是门扉式的车辐，车门开在舆后，门上垂帘；车厢前后有宽阔的驭车座板和抵板，整个车厢看上去就像一座小庙，这样大型的牛车一定相当笨重，难怪要用两头犍牛才能驾挽。

另一种牛车更为庞大，车身特别长，两侧以木板为辐，顶上用苇席作盖，车前舆后都有半圆形的车门，亦用苇席制成，门向下开启；车辕虽为独辀，但不是独辀车的结构，而像是用带杈的小树做成的，辕身平直辕头向下弯勾，双杈固定在车厢两侧的𫐓木上，这种牛车可能就是《东京梦华录》中所称的太平车或平头车，虽然庞大简陋，得要用三头牛拉，但是结实耐用，应是商贾百姓的客货两用车（图9-13、图9-14）。

宋之后的牛车图像较为少见。山东高唐县金朝虞寅墓的壁画中有一辆金朝牛车乘舆，

（1） （2）

图9-12 （1）敦煌146窟西壁《劳度叉斗圣变》中"须达访园"图中的牛车 （2）敦煌98窟南壁《法华经变》"信解品"图中的牛车

图 9-13 《清明上河图》中的士人、官吏眷属乘坐的牛车

图 9-14 《清明上河图》中的客货两用牛车

车的顶篷又是一种风格，篷成长方形，前高后低，伸出舆前的部分多于舆后，车篷的四边有下垂的折褶，前篷的两角用木杆撑于车辕之上，并用绳带向下收勒，车厢也是前高后低，车轴不装在车厢中间部位而向前移，车轵如宋代一样铺有木板，在舆前的车门处似挂有竹帘。这辆牛车的辕除了辕首的小段微向上弯，其余都是平直的，辕首似还装有辕饰，这在有关牛车的资料中是第一次见到，或许一些华贵的牛车上也曾按照马车的式样装过辕饰，西安南郊的曲江遗址曾出土过一件玉雕的龙首饰，其造型简洁，线条粗犷，并不像是帝王车辂上的用品，特别是空銎的尺寸与牛车的辕直径很相符，有可能是牛车上的辕饰（图9-15）。

（1）

（2）

图9-15 （1）牛车图（山东高唐县金朝虞寅墓壁画）（2）玉雕龙首饰（长18厘米、宽7.5厘米、高10.2厘米，西安曲江遗址出土）

明代时牛车已呈衰落趋势，山东曲阜孔庙的《圣迹图》中描绘的牛车已完全是一种大车了，车身竖长，三面有较低的栏板，直辕，车篷为双层的苇席覆蒙而成，前后边缘用竹片夹持做成支架，看上去比宋代的太平车还显得简陋，与清末乃至现代的木板大车已经没有什么区别了（图9-16）。

　　秦汉以后的牛车因为是从先秦马车中的栈车、役车和汉代的辇车演化而来的，所以它的驾挽方法最初也是采用马车的驾挽方法。

　　江陵凤凰山167号墓出土的木牛车，虽然衡轭的形象有所改变，但挽车用的仍旧是衡轭装置，驾驭的方法并没有根本改变。然而牛与马在体型上却有根本的区别，马的脖子细长，颈项的侧面比较宽阔而正面显得瘦削，颈部肌肉发达结实；牛的脖子粗壮而短，项下多赘肉，颈皮松软多皱，肩背部有耸起的强有力的肩峰，这对挽车是很有利的。

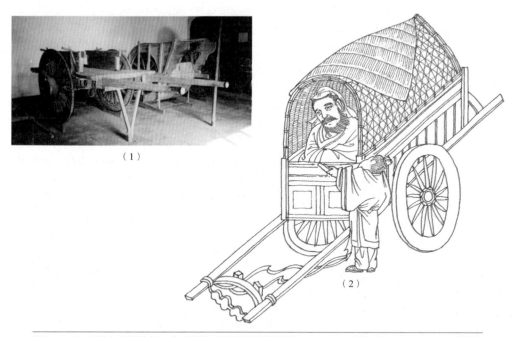

（1）

（2）

图9-16 （1）清末平板牛车（山西襄汾丁村民俗博物馆藏）（2）山东曲阜孔庙《圣迹图》中的牛车

衡轭的设计只适合马的体型特点，如用在牛身上显然不能发挥其肩峰的作用，特别是固定轭时要用颈靼收勒，牛项下的赘肉完全不宜捆缚。另外牛的四肢比马短，身架也比马低些，车辕放平已能达到它的肩峰之下，实际上只需把双辕之间架的衡搁在肩峰的前面，就能够拉着车走了。所以，牛车的驾挽方法关键在于改变衡的结构。

新疆吐鲁番阿斯塔那的晋代、唐代木牛偶车上，衡已变成中间拱起的圆木棍，改变后的衡被称为"鬲"。《考工记·车人》"鬲长三尺"郑玄注引郑司农云："鬲，谓辕端压牛领者。"看来汉代时已有此物，或许江陵凤凰山167号墓出土的牛偶车上形状奇特的衡与轭组合起来就是一种早期的鬲。

总之，到了晋代，已将衡轭合而为一了。

深圳博物馆收藏的北朝铜牛车俑上，鬲下装有两个环，套车时车辕只需伸入环中用绳捆紧就可以了，驾车变得十分方便。当然，鬲也需要固定，不过不必像用于马的颈靼缚得那样紧，只需宽松地用绳系一下就行。另外，马车上拽车的靷在牛车上也有，《清明上河图》中就明确画出了宋代牛车靷的装置方法：将一个松散的环套套入牛项后沿牛腹两侧牵引两根长靷绳至车轸或车轴上，靷绳依靠横披于牛背的吊带固定在车辕的内侧，富贵人家的牛车，牛背上的靷绳吊带与靷绳交叉处还装有垂饰件（参见图9-6（3））。

驾挽牛车并不是只用鬲，有时候也依然用衡轭之类，如《清明上河图》中北宋的三驾套独辀牛车，辀首弯勾内就捆有车衡，车衡上虽然没有缚轭，但在衡上垂直贯插了四根木棍，两头牛的项正卡在两棍之间，项下有绳索与木棍系结，这些木棍无疑是轭的变形，这也说明独辀车不管使用何种畜力驾挽，都离不开衡与轭（参见图9-14）。牛车在使用两头以上的牛驾挽时同样也将牛分为骖牛与服牛，服牛的任务与服马相同，挽车为主，拉车为辅；骖牛则只管拉车，但所处的位置不同于骖马，而是在服牛的前面。据《东京梦华录》称，北宋的牛车最多时要用"五七头牛拽之"。图9-17、图9-18、图9-19是南北朝与唐代的长檐牛车、通幰牛车复原图，供参考。

图 9-17　南北朝时期的长檐牛车综合复原图

图 9-18　唐代的通幰牛车复原图（两张复原图中涉及的织物纹样、髹漆颜色、彩绘图案均根据同时代墓葬出土实物，参照有关文字记载描绘）

（1）

（2）

图9-19 （1）北宋时期牛车（2）元 蒙古牛车图

除了牛车外，在古代曾一度享有尊贵地位的还有辽代的驼车。驼车因为产于奚地，又称"奚车"。

据《辽史·仪卫志》记载，辽朝的皇帝车舆分国舆与汉舆两种。

国舆中大部分是驼车，如"总纛车驾以御驼。《祭山仪》见皇太后升总纛车。……青帏车，二螭头，盖部皆饰以银，驾用驼，公主下嫁以赐之。"驼车的形象在吉林、内蒙古等地几座规模巨大的辽代贵族墓的壁画上曾反复出现，如内蒙古哲里木盟库伦旗1号辽墓的墓道南壁与天井（墓门与墓道之间的空地）南壁两处都绘有驼车，[80] 天井南壁的驼车顶部因颜色剥落有些残缺，墓道南壁的驼车较为完整。从图上看，驼车像高轮平板大车，车后有宽阔的车軨，车厢分为两间，前间顶平，两侧似挂有毡毯，后间上有歇山屋顶，屋顶正脊两端还有鸱状饰件，檐下垂挂珠繸。车辕似用木板制作。车厢前后都有门，门上挂有毡帘，后门外还有门廊，门廊的角柱撑在车辕上。前间车顶上还保留着类似南北朝牛车上的那种布檐，布檐前伸与车辕首齐平，用两根长杆斜向支撑，再用绳索将檐绷紧。车辕中段平直，首尾套有辕饰，略向上弯，辕饰外形像龙首，应即《辽史》中所称的"螭头"。在这座辽墓墓道南北壁上，从表层白灰剥落处还露出里层的壁画，北壁里层的壁画中也有一辆驼车的残部，可以看出前车厢外壁挂着的是有包边的细帘（图9-20）。

在内蒙古昭乌达盟敖汉旗北三家村辽墓壁画上，[81] 驼车画得更完整。车的周围无物遮挡，挽车的双驼、人物与背景都安排在车的左右及后面，这使车的形象十分突出。这辆车的外形与吉林哲里木盟的完全相同，在一些细部结构上，如车厢板上垫的毡毯，壁上挂的壁毯，后车厢车辕上的彩绘，盖顶上的脊饰等，画得比哲里木盟的更仔细（图9-21）。

驼车还经常出现在绘画作品中。宋代的李唐与陈居中所作的《文姬归汉图》中都有驼车的形象。李唐画中的驼车，结构明确，上车用的木梯和车轮旁站立的侍从衬托出驼车的高大，前车厢用木柱做框架，木柱之间有低矮的栏板，车厢外挂有竹帘，竹帘的边缘有宽阔的包边，包边上钉有银色泡钉，车顶与整个后车厢好像都以青毡制成，外形如支起的帐

图 9-20　吉林哲里木盟库伦旗 1 号辽墓壁画上的驼车　（1）墓道南壁壁画上的驼车　（2）天井南壁壁画上的驼车　（3）墓道北壁内层壁画上的驼车残部

篷，两侧还用朱色木杆夹持；后车厢门廊很像是撑起的门扉，前车厢内的栏柱和后车厢顶盖的正、垂脊等处都镶有鎏金的饰件，前后车辕首上都套有鎏金龙首饰。陈居中的作品不知是否摹写李唐的画，画面的布局调整得更完美，但驼车的结构却不如李唐的真实，因而参考价值也不如李唐的大（图9-22）。

　　明代的仇英在《明妃出塞图》中也描画过驼车：前车厢三面垂挂的是帏幔，后车厢

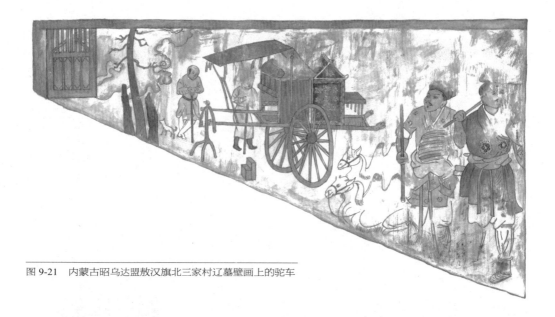

图 9-21　内蒙古昭乌达盟敖汉旗北三家村辽墓壁画上的驼车

图 9-22　（1）李唐作《文姬归汉图》中的驼车　（2）陈居中作《文姬归汉图》中的驼车

像一乘轿子，布缦的挂法与装饰图案都带有汉人的风俗特点。这幅画所描绘的驼车的真实性逊于辽墓壁画与李唐的作品，其后辕饰被画成凤凰的造型，这也有违《辽史》的记载。天津艺术博物馆收藏一件玉质辽车龙首形辕饰，但这是否属于驼车上的却无从考证了（图9-23）。

（1）

（2）

图9-23 （1）玉龙首饰（天津市艺术博物馆藏）
（2）明代仇英作《明妃出塞图》

　　驼车的驾挽方法比牛、马车更为简易，因为骆驼有高耸的驼峰，只需把车辕架在驼峰之前，略加拴系，车就能前行。内蒙古哲里木盟库伦旗、内蒙古昭乌达盟敖汉旗辽墓壁画及陈居中画中的驼车双辕头上都搭着一条宽布带，这条布带应该就是挽车用的（参见图9-20、图9-21、图9-22（2））。在赤峰市解放营子辽墓壁画上可以见到驾上骆驼的驼车，但画面表现的似乎是在卸车，故驾车的细节从图上看不出（图9-24）。如根据挽车的基本原理，除了缚辕的颈靼绳外，一定不能缺少鞙带，鞙带穿过骆驼双峰之间与双辕系结是最可行的方法，而鞦绳除非是驾双驼，单驼拉车看来是不需要的（图9-25）。

　　辽朝还有用鹿驾车的。内蒙古哲里木盟库伦旗辽墓的墓道北壁壁画上有一辆小车，车厢的外形与仇英画的驼车后车厢很相似，车盖像轿顶，盖顶中心饰有火珠，车盖周围檐下垂有短帷，四角挂有流苏。门在车厢前面，门上垂挂网格帘，高轮直辕，辕首有辕

图 9-24　内蒙古赤峰解放营子辽墓壁画上的驼车

饰。据《辽史·仪卫志》记载："契丹故俗，便于鞍马。随水草迁徙，则有毡车，任载有大车，妇人乘马，亦有小车，富贵者加之华饰。"这辆车可能就是妇女乘的有华饰的小车。车前有三人，一人牵牡鹿令其低头，另一人抬车辕正准备架在牡鹿上，双辕上也搁了一条类似于驼车上的宽带，车旁还有一老者似在指点。

关于鹿车，汉代的史籍中常见提及，但在汉代的图像资料中还没有发现，这幅图是目前在墓室壁画中仅见的一例（图9-26）。另外，在清代的《三图诗》一书中也有一幅康焘画的鹿车图。这辆鹿车很像南北朝时期无篷的牛车，其驾挽方法描绘得倒是颇为实际（图9-27）。辽朝的亭子式小车到元代时仍见使用，不过又成了驾马的马车，或许在辽朝时小车原本就是用马驾挽的，用鹿驾车很可能只是贵妇们嬉戏游乐时所为。

在生产与生活中从事交通运输的畜力车还有驴车、骡车，尤以驴车为多。驴体形虽小，但耐力极强且性情温驯，食性粗、易饲养，可以从事骑乘、拉车、驮物、推磨等多项

图 9-25　辽代驼车综合复原图

图 9-26 （1）内蒙古哲里木盟库伦旗 1 号辽墓墓道北壁壁画上的鹿车

劳动，所以很受民间欢迎。用驴拉车可能始于宋代，唐代之前主要是用来乘骑，很多大诗人的名诗绝句都是在驴背上创作出来的。

宋代的驴车在《清明上河图》中出现最多，大致有两种，一种是双辕平板大车；另一种是独轮车（图9-28（2）），这两种车都是靠人力握辕挽车，驴仅仅是拽拉而已。根据"车须由牲畜驾挽拽拉，人仅是握辔驾驭"的原则而论，这两种都不能算是完全的驴车。真正的驴车在明清时期使用很普遍，直到今天在中国广大的城乡地区仍不时能见到，这是一种既经济又实用，既便利又少污染的运载工具（图9-29）。

北宋的驴车虽然不正统，但驴拉车的方法很值得研究。拉车时用的不是轭或鬲，而是在脖子上套了一个有充填物的布轭套，拉车的靷绳就系在轭套上，这种软质布轭套称为"肩套"，是双辕车最完善的鞍套式系驾法开始出现的标志。

图 9-26 （2）辽代鹿车综合复原图

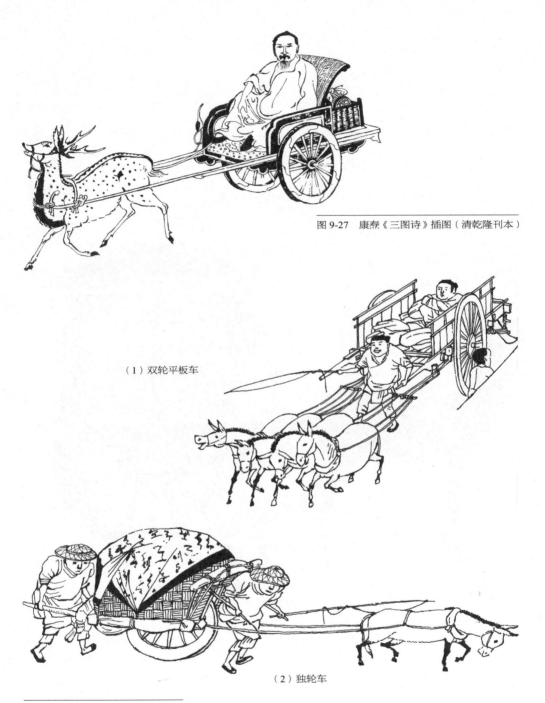

图 9-27　康泰《三图诗》插图（清乾隆刊本）

（1）双轮平板车

（2）独轮车

图 9-28　《清明上河图》中驴拉的车

图 9-29　清代北方的驴车

拾·魏晋后各朝代的帝王辂车与明清民用马车

自《周礼》记述帝王乘舆有玉、金、象、革、木五路（后世用"辂"）之后，历朝正史的《舆服志》《仪卫志》中均记有这五种车，除形制有差，颜色有别，装饰纹样有异之外，其余各个方面，如五种车的基本装饰要求、使用的场合，辀、衡、轭、柱诸末装饰材料的质地各随车名（金辂用金，玉辂用玉，象辂用骨，革辂用铜）等一直不变。

汉代之前的辂车在先秦、秦汉部分已有论述，汉之后的车辂虽然文字记载很详尽，但实物与图像数据却很匮乏，除了清代在故宫和避暑山庄有少量实物收藏之外，其余各朝代真正属于帝后乘舆的辂车资料很少见到，大多数是亲王以下级别的辂的出土偶车和有关绘画作品，管中窥豹，这也多少可以获取、增加一点对辂车的感性认识。

魏晋时代的辂车可以顾恺之的《洛神赋图卷》作为参考。在图卷中有两处出现辂车，一处描绘曹植乘车离开洛河的情景；另一处是描绘洛神出现时的情景。

曹植的乘车是一辆朱舆朱轮，形制类似于汉代的独辀辂车，车的华盖有两层，车后斜插旌旗，驾四马，马头上都有羽饰。洛神的坐车虽然经过神化，没有画出车轮，而是画了鸟翅替代，但车厢的形象与曹植的车依然大同小异，也是朱舆和两层华盖，车后亦插旌旗（图10-1）。

据《晋书·舆服志》记载，"天子五路法车，皆朱班漆轮，……画辕及辐，青盖，

（1）

（2）

图10-1　顾恺之作《洛神赋图卷》中的辂车形象　（1）曹植乘车　（2）洛神乘车

黄为里，谓之黄屋，……两厢之后，皆玳瑁为鹍翅，加以金银雕饰，故世人亦谓之金鹍车，"又有"金路，建大旗，九旒，以会万国之宾，亦以赐上公及王子母弟，……皆驾四马，并以黄金为文，髦插以翟尾"。

画中两辆车朱轮有辐，车后建旗都与记载相符，洛神的车后大旗有九条飘带，车厢两侧又有羽翅装饰，也与记载中的"鹍翅""九旒"一致（旗的飘带古称"旒"）。曹植车的四匹马首上的羽饰有可能就是所谓的"翟尾"。只是画中伞盖是黄色似与记载不符，但曹植乘车的上层小伞盖面是青色，或许青盖指的就是它。曹植为魏文帝曹丕之弟，以其身份是有资格坐金路车的，作为艺术作品，画家无须仔细考证，画得面面俱到，所以画面上很多原本能进一步说明问题的诸如衡、轭等的装饰细节都省略了，但如果把画中这两辆车结合在一起看，就能看出魏晋时帝王的辂车面貌。

唐代的辂在陕西干县懿德太子墓壁画中出现过，车的形制大致与《洛神赋》中的相似，车后也插大旗，轮、舆皆朱色，车前有仪仗队撑持的两柄伞、两把圆扇和一把方扇。

据《新唐书·车服志》记载，"皇太子之车三：金路者，从祀、朝贺、纳妃所乘也，赤质，金饰末，重较，厢画苣文鸟兽，……龙辀，……朱黄盖里，轮画朱牙。左建旗九旒，右载阘（xì）戟，旗首金龙衔结绶及铃绶"，又据《唐六典·尚辇局》记载，伞、圆伞、长方扇为太子大朝时所用之"伞扇"。既然画中车的颜色、建旗与文献记载都相符，又有大朝所用的仪仗，这辆车无疑就是金路车（图10-2）。

唐代鎏金的车饰，在西安东郊曾出土过一件，龙首形，圆銎，根据其直径尺寸判断应该是车辕上的辕饰（图10-3）。

宋代的车服制度曾数次改易，《宋史·舆服志》记载："宋自神宗以降，锐意稽古，礼文之事，招延儒士，折衷同异。元丰有详定礼文所，徽宗大观间有议礼局，政和又有礼制局。先是，元丰虽置局选辂，而五辂及副辂，多仍唐旧。玉辂，自唐显庆中传

图10-2　陕西干县唐懿德太子墓墓道东壁壁画《仪仗图》

图10-3　鎏金龙首饰（西安东郊出土）

之，至宋曰显庆辂，亲郊则乘之。……高宗渡江，卤簿仪仗悉毁于兵。绍兴十二年，始命工部尚书莫将、户部侍郎张澄等以天禧、宣和《卤簿图》考究制度，及故内侍工匠省记指说，参酌制度。是年九月，玉辂成。"制成的辂"通高十九尺，轮高六十三寸，辐径三十九寸，轴长十五尺三寸。顶上剡为轮三层，象天圆也。……登车则自后卷帘梯级以登。……前有辕木三，鳞体昂首龙形。辕木上两横竿……"

宋代的一尺，根据江苏南京、湖北江陵、福建福州和泉州等地出土的竹、木尺实物长度计算，最短的等于今天27厘米（南宋），最长的为32.93厘米（北宋），如采用折中的30.8厘米（江陵出土）为一尺，这种辂车通高将达6米，仅轮高就达2米，如此庞大的车真是亘古未有。这种车的形象在宋代《大驾卤簿图》上有较清晰地描绘，全图以金、鼓、步辇为导，后随金、象等辂，辂后随各级官吏的坐车。

车的外形都基本一致，辂车三辕，每辕驾两马，官吏车独辀，每车驾四马，车厢的形制仍旧是汉代的独辀轺车，只是把它放大了约一倍，人站于车内恐怕连脑袋都难以伸出舆外，当然这种车是坐乘的，车厢内设有几、座。车的伞盖、舆后的旌旗插置都与晋代的相同，唯有辕、衡结构不与前朝相类，车虽是三辀或独辀，但因为车特别高大，所以就无须弯曲，在笔直的辀前只有衡木而不见轭，六匹或四匹马都挽同一根衡，这种驾挽方法也是前所未有的（图10-4）。

驾车的马同为服马，主要原因可能是车身过重。正如《宋史·舆服志》中所载，这种车皆三种辕，"在前者名曰凤辕，马负之以行；次曰推辕，班直推之以助马力；横于辕后者名曰压辕，以人压于后，欲取其平"。这一段话或可说明巨大的车身自重给马造成很大的负荷，所以尚需人力在车后推车兼压车尾，以减轻马的压力，如此笨重的车且不论车速，连正常的行车恐也不易，真不知一批满腹经纶之士是如何考证、设计出这样的车的。

关于独辀车不用轭驾挽的例子在北宋牛车的驾挽方法中就谈到过，而马车无轭驾挽

图10-4 宋《大驾卤簿图》中之金、象辂车形象

早在唐末就出现了。敦煌第100窟的北壁壁画中有一辆装饰华丽的长檐马车，马的颈项上套了一个与《清明上河图》中拉车的驴子套的同样的肩套，车的衡木就捆缚在肩套之前，肩套如同给马造了一个牛的肩峰，这是马车第一个向鞍套式系驾法过渡的例子（图10-5）。而《大驾卤簿图》中既不用轭，也不见肩套，衡似直接用靷绳系缚在马项上的，并且连靷绳也不见用，连最基本的系驾方法也不齐备，这很可能说明此种辂车只是仪仗品，在一些重大的国事活动中象征性地出现一下，并没有实用的价值。

南宋的辂车仍然保持了北宋的式样，马和之作的《宋高宗书孝径》一图中比较准确详细地描绘了这种辂车，庞大的车身没有丝毫缩小。《孔氏祖庭广记》中还描绘了一辆金朝的辂车，这辆辂车的形制与宋代的也较相似，但车的尺寸已大为缩小，较适合实际使用了；辂是单辕，有衡无轭，这与宋朝的相同；驾双马，但马项上很清楚地画有肩套，肩套与车衡相连，车靷绳系在肩套上，驭手站立在车厢前的小室中驾车，帝王坐于厢内，伞盖则由侍臣撑持，画面所描绘的一切看上去还是颇为真实的（图10-6）。据

图10-5 敦煌第100窟北壁壁画《回鹘公主出行图》（局部）

《金史·舆服志》记载，金朝同样也沿用五辂，辂的车身多漆黑色，车盖则有青、绯、银褐、黄、皂等色，图中的辂属五辂中的哪一种尚难确定。

元代定都北京后，车服制度继续沿袭宋代，陈巽中作的《大驾卤簿

（1）

（2）

图10-6 （1）南宋马和之作《宋高宗书孝经图》中的辂车 （2）《孔氏祖庭广记》插图《乘辂》（金正大四年刊本）

图10-7　元陈巽中《大驾卤簿图》中尚书乘坐的象辂（根据印刷品临摹）

图》中的辂车，与北宋《大驾卤簿图》中的形象如出一辙，连驾挽的方法与挽车的马的装饰也完全相同（图10-7）。

明代的辂车资料较为丰富。1970年在山东曲阜九龙山南麓发掘出的鲁荒王朱檀墓，墓中除出土了一批很有价值的衣冠实物和书籍、漆器外，还出土了四百余件雕刻精致、色彩鲜艳的仪仗木俑，包括两辆木偶车：

一辆为三辕平板大车；轮无辐，轮上有挡泥板，形制与现代汽车上的相同；车舆平板上外置栏杆、内为亭子式车厢，车厢上为圆形笠式车盖，中间饰有巨大的金色宝顶，车盖周围还镶有3层金叶片，整个盖顶形如莲花宝座；车厢的门开于前方，车厢内设有

图10-8　（1）山东曲阜九龙山南麓明朱檀墓出土木车模型（据实物写生）（2）四川明蜀王世子墓出土陶车

座椅，栏杆的角柱、门柱上均有柱饰，三根直辕的前后端均有龙首饰。

另一辆为双辕小车，形制如大车，但车盖的金叶饰片只有一层，双辕只有前端装龙首饰，轮上也有挡泥轮板，亭式车厢里也有坐椅，这辆明器偶车与四川明蜀王世子墓出土陶车基本相同（图10-8）。

朱檀为明太祖朱元璋的第十子。据《明史·舆服志》记载："亲王象辂，其高视金辂减六寸，其广减一尺。辕长视大辂减一尺。辂座高三尺有奇，余饰同金辂。"

在明代的帝王车舆制度中，皇帝只有大辂、玉辂、大马辇、小马辇、步辇等，独无金辂，金辂为皇太子的第一乘舆，既然亲王的象辂祇在尺寸上比金辂略小，那么这辆模型车的形制也就是金辂的形制。而那辆小车模型也可能是小马辇一类的车。

当然，这两辆偶车只是明代辂车的一个轮廓，根据《明史》记载和《三才图会》中的《五辂图》，车轮有辐，为18条辐，并非实心车轮。亭式车厢的四面都挂有帷幔，亭内坐椅的背后还设有屏风，车轮的轮牙、车辐、挡泥板上和栏杆等处都镶有鎏金铜饰，帷幔、垂带及座垫上都有云龙、云凤等刺绣纹饰，装饰非常华丽，其完整形象可以从明《大驾卤簿图》中看到。图中车的外形与山东曲阜朱檀墓的偶车、《三才图会》的《五辂图》都很一致，轮的18条辐与记载也印合，只有辂驾三马的情况与史籍不符

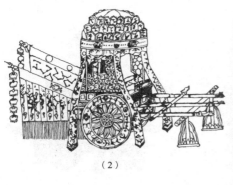

（2）

（1）

图10-9　（1）明《大驾卤簿图》（故宫博物院藏）（2）《五辂图》（《三才图会》之插图）

（图10-9）。

　　明代皇帝的大辂、玉辂驾以两象，其余各种车都至少驾四匹马（小马辇），多的驾有八匹。山东曲阜朱檀墓的三辕车应可驾四匹至六匹马，而双辕车只可驾三匹马。那么，《大驾卤簿图》中的车是否属于后妃车？可是其车辕的前后都有龙首饰，车轮的挡泥板也与朱檀墓的大偶车相同，车身的颜色也符合文献记载中的金辂，特别是车旁文官武将簇拥而行的场面更表明此车为帝王而非后妃车辂，这一问题尚待以后有新的材料再作进一步研究。

　　《大驾卤簿图》上还较清晰地画出了古代鞍套式马车系驾法，在车辂的辕前设有车衡，不用轭，驾车的三匹马背上都有低平的小鞍，两条辕分别用皮带系挂于马的小鞍上；马项上套有肩套，靭绳像胸带一样环绕在马的前胸与肩套打结后再系于车底，这种系驾法如同南北朝时期的牛车，让马背承辕，而靠马胸拽车，是最能发挥畜力的简便易行的系驾法。鞍套式系驾法实际上在元代时就已形成，西安曲江元段继荣墓出土的一件陶马车俑，车厢的外形像辽代的亭子车，车的双辕套一根皮带挂在马背有鞍桥的小鞍上，从肩套旁伸出两根短靭绳缚住车辕的前端（图10-10），这一鞍套式系驾法一直到今天仍然还在使用着。

清代的辂车据《清史稿·舆服志一》称:"清初仍明旧有玉辂、大辂、大马辇、小马辇之制,与香步辇并称五辇。……[乾隆]八年,改大辂为金辂,大马辇为象辂,小马辇为革辂,香步辇为木辂,玉辂仍旧,是为五辂。"

玉辂的形象在《八旬万寿盛典》长卷中出现过(图10-11),视其形制与明《大驾卤

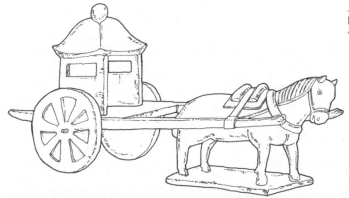

图10-10 马车陶俑(西安曲江元代段继荣墓出土)

图10-11 《八旬万寿盛典》长卷(故宫博物院藏,根据印刷品临摹)

簿图》上的辂车很相似，其细部也与《清史稿·舆服志》中记载的基本上都能吻合；"圆盖方轸"，顶周围贴有"镂金云板三层"，中间"冠金圆顶"，车亭中设"金龙宝座"，四面"垂朱帘"，双直辕上"金龙首尾饰两端"，"两轮各有十八辐，镂花饰金"，轮上亦有轮罩，车"后建太常十二斿"，每辆辂车的边上还都画了一头象，这与《清史稿·舆服志一》"驾象一，引以朱绒鞦"的记载也一致。金、象、木、革四辂除了局部装饰略有不同外，其他方面都与玉辂相同，所以知道了玉辂，就能大概了解清代帝王的五辂。

清代皇后的辂车中只有凤车是车，其余的凤舆和仪舆，虽名称为舆，实际上都是人抬的步辇。

据《清史稿·舆服志一》记载，凤车的车厢纵长方形，四面以木板作车辀，两侧有可推启的小窗，后面开有门，门下有木板铺就的车軨踏板，门上"明黄缎帏，黄里"，方形车盖大于车厢，四周有"明黄缎垂幨"，幨下四角挂有流苏；方车盖上有"穹盖二层"，上层"绘八宝，八角饰以金凤"，下层"绘云文，四隅饰亦如之。冠金圆顶。镂云，杂宝衔之"，车辀髹明黄，"左右及后皆绘金凤"，车中设座，"坐具亦明黄缎为之，上绣彩凤"，双辕"两端钻以铁镲金，……驾马一"；车轮18辐，轮轴装在车厢的后轸木上，这亦为以往实物所未见（图10-12）。如此装轮的车驾上马后、车厢就像被抬着走一样，马的负载肯定比传统的装轮方法要重，但停车、拐弯时因支点靠后，可能比较灵便，行车中颠簸也轻些。

凤车之外还有仪车，其形制亦相同，但装饰上要朴素一些。皇太后、妃嫔之舆也都是用凤、仪车中的一种，唯装饰、名称各异，如皇太后的凤车称"龙凤车"，贵妃的凤车称"翟车"，这些车也都是双辕、单马驾驭的。仪车的实物在避暑山庄有收藏品陈列，这种车在清后期一般官宦眷属也都能乘坐，当然装饰上要更简陋些（图10-13）。

从魏晋开始，直至清代，帝王车辂在车后都有斜置旌旗的制度，而且旗的垂斿要拖到地面。对于辂车上斜插旌旗的问题过去常有疑问，因为先秦时期很多出土遗迹、实物表明

图10-12 凤车图（《清会典》插图）

图10-13 清末的民用马车（选自《西方人笔下的中国风情画》）

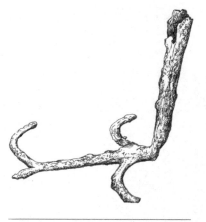

图10-14　铁制插旗座（辽宁北票北燕冯素弗墓出土）

车上的旗都是垂直插置的，但魏晋以后变成向后倾斜，总感觉旗面很大，不容易插置稳当，后来看到北燕冯素弗墓出土的铁旗座才疑虑顿释（图10-14），原来是用这种像鹰爪一样的旗座钉于舆底，插旗当然不成问题。

帝王车辂历来都以驾马为主，驾象只在重大典礼上偶然为之，仪式一过仍改用马。但民间的乘车受魏晋南北朝风气的影响，曾经在很长时间内一直以牛车为主。在牛车流行的同时还时兴坐轿，轿的舒适不亚于牛车。行程较短，坐轿比坐牛车更方便。而若要赶时间就须直接骑马，鞍具的完备使骑马成为时髦的旅行方法。交通工具的多样化使马车的后期发展受到一定程度的影响。

元代以后，由于马车也采用了牛车简易有效的鞍套式系驾法，乘坐马车的风气重又回潮。

明代民间最常用的马车与北宋的驴拉双辕车很相似。湖北荆州明辽王墓出土的一辆偶车很有代表性，形制如平板大车，直辕，车厢两侧有低矮的輢板，质朴简陋，结构粗重厚实。这种车不仅能驾马、驾牛，驾驴、骡都可以，且既能够载货物，略加修饰，如设置座椅、加上靠板、插上车盖等，也能够作乘舆。

清代的王公大臣、豪富之家的车常作成有固定的篷盖和车幨、装饰较华贵的乘车，有时还用红木、花梨木等珍贵木材雕刻出棂槛式车幨，顶篷、前后车门用油毡等覆盖做帘，车辕和轮上镶包铜饰，有很多实物流传到现在，成为古董爱好者的珍贵藏品（图10-15）。下层士人、普通百姓所乘坐的则要粗陋得多，车厢都是木板制就，两面

（1）

（2）

（3）

图10-15 （1）木马车（湖北荆州明辽王墓出土，据实物写生）（2）《归庄图》，元何澄作（局部）（3）《子路问津》图，明仇英作（局部）

各开一个比头略大的方孔以透光，顶上或盖席，或蒙毡，装饰一以实用为度，在专门从事客运的车中很多都是这样的车（图10-16）。

图10-17、图10-18、图10-19是唐代、明代与清代辂车的综合复原图，有关色彩、图案、纹样均以同时代文物作参考，虽然由于形象数据的缺乏，复原图的准确性可能不高，但基本能够反映出这些车辂的原来风貌。

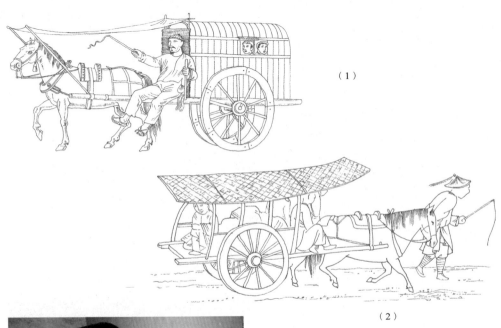

（1）

（2）

（3）

图10-16 （1）清代民间客运马车 （2）清代客货两用马车（（1）、（2）选自《西方人笔下的中国风情画》）（3）明末清初的官用马车（河南襄汾丁村民俗博物馆藏品）

图10-17　唐代金辂综合复原图

图10-18　明代小马辇综合复原图

图10-19　清代玉辂综合复原图

拾壹·隋唐以降的马具与马饰

自魏晋时期出现了高鞍桥的马鞍和马镫之后，鞍具全副部件都已齐全。南北朝时期个别器具经过实践后又做了不少改进，一套较为完备的鞍具至此基本上被确定下来。

以马鞍为例，湖北武昌马房山与河南安阳隋墓出土的两件鞍马陶俑，以其十分写实的雕塑手法反映出隋代的马鞍与南北朝的马鞍基本上是相同的（图11-1）。湖北武昌马房山和河南安阳的鞍马俑虽然都没有塑出马镫，但山东嘉祥莫山隋徐敏行墓壁画《备骑图》中很清楚地画出了马镫形象，其吊挂的位置与北朝俑的也完全相同（参见图8-10）。障泥的变化较为明显，不仅改短，而且分为方、圆好几种式样。垫在马鞍和障泥之下的鞍鞯则变得比过去大了许多，有的甚至超过了障泥。固定鞍的胸带与带上的缨饰仍旧，鞦带则有同于胸带的，也有同于魏晋时期的网状带的，网状带上原先

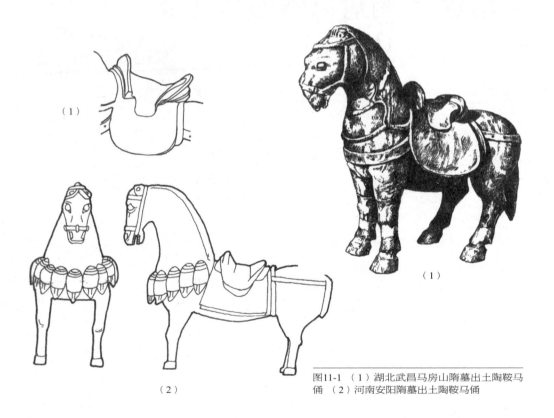

图11-1 （1）湖北武昌马房山隋墓出土陶鞍马俑 （2）河南安阳隋墓出土陶鞍马俑

安装缨饰座的部位，隋代时改为有莲座的宝珠装饰（图11-2）。马颈上的颈披与覆鞍的鞍帕照常使用，但鞍帕变短了。马镫也没有变化。只有马镳的形象没有发现。

唐代的鞍具有很多实物。1970年在乌鲁木齐盐湖南山的2号唐墓中发掘出一套完整的马具。[82] 马鞍是用四块木板榫卯拼合成的，鞍面拼合处还用皮条系结，鞍的后翼板上有五个鞘孔，上面残存有穿系的革带。这件马鞍与日本奈良手向山神社收藏的国宝"唐鞍"很相似，后翼板垂饰五根皮带与陕西昭陵石刻《特勒骠》上的马鞍形象也完全一致（图11-3）。鞍后垂饰皮条在唐以后的各朝都一直流行着，它除了装饰外当然还有实用价值，如打猎时可以捆吊获得的猎物，或鞍具的某处革带突然崩断可作修补更换之用。

乌鲁木齐盐湖南山2号墓还出土了两件铁马镫，虽都已锈蚀损坏，但仍能看出其原先的形象，与北燕冯素弗墓的马镫相比，唐代马镫的柄缩短了而镫环扩大了，镫环踩脚

（1）　　　　　　　　　（2）

图11-2　（1）山东嘉祥莫山隋徐敏行墓壁画《备骑图》（2）湖北武汉隋墓出土陶鞍马俑

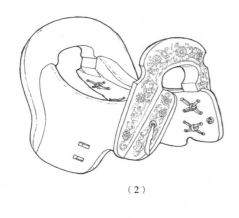

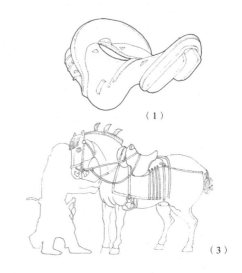

图11-3 （1）新疆乌鲁木齐盐湖南山的2号古墓
出土唐木马鞍 （2）日本奈良手向山神社收藏
的"唐鞍"（3）陕西昭陵石刻《特勤骠》

的底面也开始加宽了。

　　马镫的实物还在江西临川公主墓、陕西蓝田唐代土坑、北宋丰台古墓（疑为史思明墓）中也都出土过。

　　江西临川公主墓的马镫和乌鲁木齐盐湖南山2号墓的两件残缺的马镫比较接近，陕西蓝田的镫环呈长方形，而北京丰台古墓的镫踩脚踏板不仅很宽，中间还镂空出十字纹饰，造型已开始向提篮式马镫发展（图11-4）。

　　新疆乌鲁木齐盐湖南山2号墓出土的马镳饰品、衔、镳均鎏金，完全可以据此复原，马络头是用宽约4厘米的皮带卷成双层后，外表密钉菱形铜饰制成的，皮带的交叉处由三叉形铜饰联系。马镳为"S"形，很纤细。穿过马衔外的大环与络头相接，辔绳也系在大环上。固定鞍的胸带、鞦带都是用与络头同样宽的革带和相同的方法制成的，外表钉的饰件除了菱形、三叉形外还有桃形（图11-5），用这套实物复原出来的马鞍具能使我们一睹唐代鞍具的真容（图11-6）。

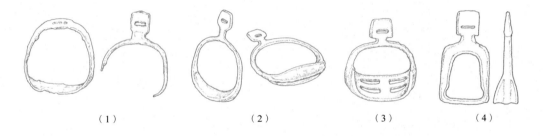

（1）　　　　　　（2）　　　　　　（3）　　　　　　（4）

图11-4　（1）新疆乌鲁木齐盐湖南山2号古墓出土铁马镫　（2）江西临川公主墓出土铜马镫　（3）北京丰台古墓出土嵌金铁马镫　（4）陕西蓝田唐代土坑出土裹银铁马镫

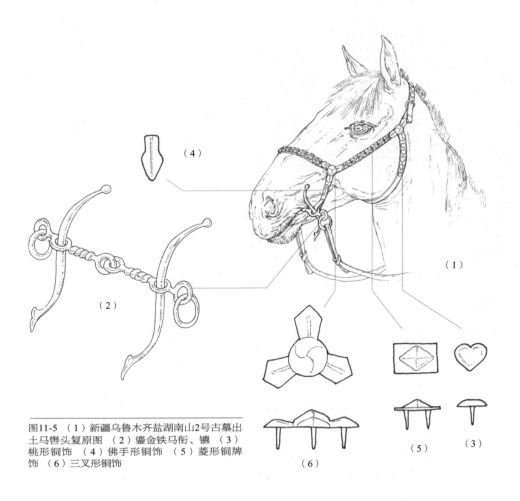

图11-5　（1）新疆乌鲁木齐盐湖南山2号古墓出土马辔头复原图　（2）鎏金铁马衔、镳　（3）桃形铜饰　（4）佛手形铜饰　（5）菱形铜牌饰　（6）三叉形铜饰

图11-6 唐代马鞍具综合复原图

唐代的"S"形马镳还可以从名画《虢国夫人游春图》《牧马图》等作品中见到。江西临川公主墓和陕西蓝田唐代土坑也出土过不少实物，这种马镳比乌鲁木齐盐湖南山古墓出土的要宽些，公主墓的镳正面中间有凸出的圆鼻，可以穿系络头的颊带，背面有一双小环，可以穿挂在衔环上并能系结缰绳，陕西蓝田出土的镳与衔相套连不能脱卸（图11-7）。

　　唐代鞍具的装饰看上去虽不很耀眼，但却很精致，乌鲁木齐盐湖南山古墓出土的辔头就是例证。

　　马辔头上的各种带一般都很细，镳与带上的饰件也很小巧，木质马鞍的表面髹漆后都要画上繁密的宝相花等纹饰（新疆阿斯塔那出土的彩绘鞍马俑就是如此），挂于马鞍下的障泥多为椭圆形，不是用贵重的织锦，就是用虎、豹等动物毛皮制成。垫于鞍下的鞍鞯很长，有方、圆多种，其面积相当于南北朝的障泥（图11-8）。胸带、鞦带上除了缨络外还垂挂如魏晋时期一般的杏叶饰件，这种饰件的实物在陕西西安永泰公主墓出土过，中国民间及日本正仓院也有一些藏品，或银质、或铜鎏金，式样繁多，造型华美。

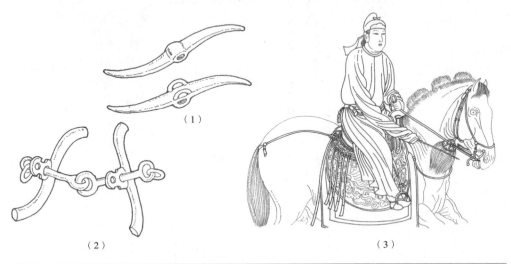

（1）

（2）　　　　　　　　　　　　　　　　　　　（3）

图11-7 （1）江西临川公主墓出土的铜马镳 （2）陕西蓝田唐代土坑出土的裹银铁马衔、镳 （3）《虢国夫人游春图》中的马镳形象

图11-8　泥塑彩绘鞍马俑（新疆吐鲁番阿斯塔那出土）

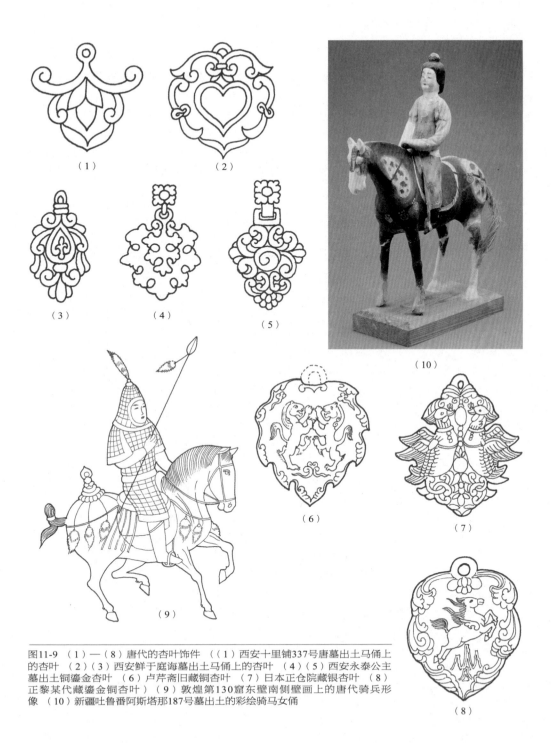

图11-9 （1）—（8）唐代的杏叶饰件 （（1）西安十里铺337号唐墓出土马俑上的杏叶 （2）（3）西安鲜于庭诲墓出土马俑上的杏叶 （4）（5）西安永泰公主墓出土铜鎏金杏叶 （6）卢芹斋旧藏铜杏叶 （7）日本正仓院藏银杏叶 （8）正黎某代藏鎏金铜杏叶 （9）敦煌第130窟东壁南侧壁画上的唐代骑兵形像 （10）新疆吐鲁番阿斯塔那187号墓出土的彩绘骑马女俑

其中不乏优秀的工艺美术品（图11-9）。银杏叶唐代又称为"银花"，它的出现与流行曾受到当时波斯萨桑王朝的影响，是从域外流传进来的东西。[82] 在网状鞅带上，仍有像隋代一样饰宝珠和周围有火焰纹的火珠的习惯。

除了马具的装饰外，唐代还重视马本身的修饰，马尾仍按先秦以来的习惯将其缚结起来，马鬃也都剪短，修剪时还特意留出三络长鬃，或将其修剪成三个连续的半圆，当时称为"三花"，岑参的诗句"紫髯胡雏金剪刀，平明剪出三鬃高"，即指此。

马鬃上剪出鬃花并不始于唐代，秦始皇兵马俑的战马俑中就有剪成一花的，汉代也常剪双花，但这种风气在当时都不普遍，而唐代的三花却很普遍，甚至周边的一些少数民族也争相仿效（图11-10，参见图11-3（3）、图11-7（2））。

唐末五代时期，马具又出现了一些新的变化。马镳被马衔上的大环取而代之，人们颇

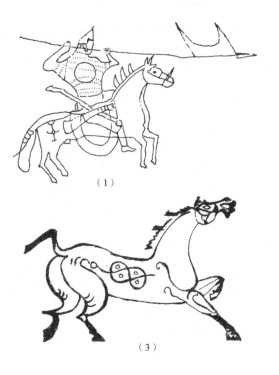

图11-10 （1）西伯利亚米努辛斯克附近的突厥岩画 （2）（3）汉代空心砖上的双花马鬃形象

喜爱用大朵的红缨来装饰，马辔头与胸带、鞦带、鞍桥的顶面镶有金包边。鞍鞯又重新变得狭短，障泥的外形则变化多端，或似南北朝的梯形，或呈椭圆形，甚至有的像梨形，障泥的材料仍以皮毛和织锦为主。河北曲阳出土的马镫实物为铁芯外包银的，铁环的形状像铜钟，踏脚处较宽阔，从剖面看呈中间微鼓的圆坡形。鞦带已基本摒弃了网络样式，如胸带一样都为一条了，在接近马尾处习惯垂下一段做为装饰，横直带交叉处钉有金属饰件（图11-11）。

宋代马具各部分的结构与装饰都保持了唐末五代以来的形制和风格，没有明显的不

（1）

（2）

（3）

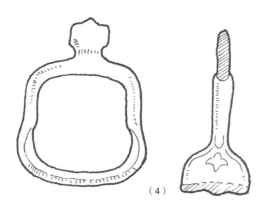

（4）

图11-11　（1）宋陈居中作《文姬归汉图》（局部）（2）五代李赞华作《射骑图》（3）五代胡环作《回猎图》（局部）（4）河北曲阳五代墓出土的包银铁马镫

同，而当时北方辽朝的马具却颇具特色。

契丹人生活在草原上，从小就熟习骑射，妇孺皆能乘骑，马对于他们来说是不可或缺的伴侣，因此契丹人对马具也就非常重视。可以通过实物、绘画、墓室壁画三者相结合进行对照、比较来了解辽代马具。

在辽代的墓室壁画中，鞍马是最常见的题材，并且都安排在最主要的部位，有些墓，如内蒙古赤峰市的耶律羽之墓和内蒙古昭乌达盟敖汉旗的沙子沟、大横沟辽墓，壁画之外还随葬有大量精美的鎏金马饰和用具，[84] 有些实物与同墓壁画上的形象还能对合起来。

从内蒙古哲里木盟辽陈国公主墓出土的木鞍可以看出，辽代马鞍的鞍架和后鞍桥颇高，但后鞍桥向后倾倒的角度也较大，其外形与现代彝族仍在使用的木鞍很相似。鞍可能以髹漆绘彩或蒙覆皮革为主，考究的在前后鞍桥的外侧镶包有饰片，但鞍桥饰片在出土实物中很少发现，可能属于契丹贵族的用品。鞍的后翼上像唐代一样也系有几条装饰性皮带，鞍鞯很宽但并不长，障泥很大以圆形为主，有的在马镫处还另挂或镶缀一块钟形的皮革衬垫（图11-12）。

马镫的形制大部分与唐代相同，少数的镫环底部变成平面的踏脚板，多与五代的实物一样宽而微拱。

马衔与马镳都相连在一起，镳体呈"S"形，中间一段平直，朝上的一头有时有枝杈，剖面为圆柱形。在马辔与胸带、鞦带上像唐代一样钉有饰件，饰件虽小，面上却都铸有精致的卷草、缠枝等纹样，有几件节约在宽不足两厘米，长不足7厘米的表面镌有五匹腾飞的翼马。

胸带、鞦带下（有时还在障泥下缘）也垂挂有杏叶饰片或铃，铃的形象大部分与现代的完全一样，少数成五边形或菱形，从正面看像一口小铜钟，钟舌下还垂吊了花饰片。杏叶的外形像鸡心，有素面的也有镌刻狮、凤纹的，做工很精致。鞦带上与鞍后翼上垂挂的装饰皮带上都嵌套有带銙和铊尾，这些带銙、铊尾上也都镌有花纹（图11-13、图11-14、图11-15）。

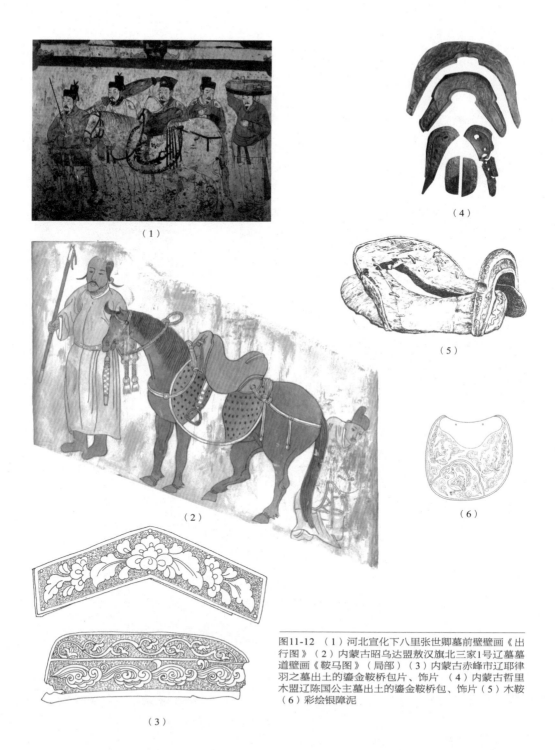

图11-12 （1）河北宣化下八里张世卿墓前壁壁画《出行图》（2）内蒙古昭乌达盟敖汉旗北三家1号辽墓墓道壁画《鞍马图》（局部）（3）内蒙古赤峰市辽耶律羽之墓出土的鎏金鞍桥包片、饰片 （4）内蒙古哲里木盟辽陈国公主墓出土的鎏金鞍桥包、饰片（5）木鞍（6）彩绘银障泥

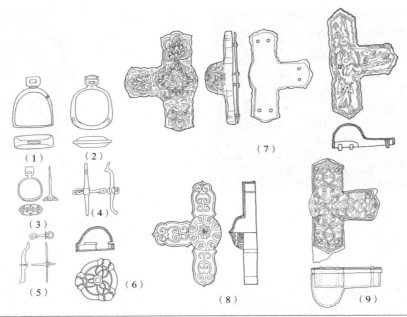

图11-13 （1）铁马镫（吉林双辽县高力戈辽墓出土）（2）鎏金铜马镫（辽宁义县清河门出土）（3）铁马镫（内蒙古昭乌达盟敖汉旗沙子沟1号辽墓出土）（4）、（5）铁衔、镳（内蒙古昭乌达盟敖汉旗沙子沟1号、大横沟1号辽墓出土）（6）—（9）鎏金节约（（6）、（9）内蒙古赤峰市耶律羽之墓出土　（7）内蒙古昭乌达盟敖汉旗沙子沟1号辽墓出土　（8）辽宁康平县后刘东屯辽墓出土）

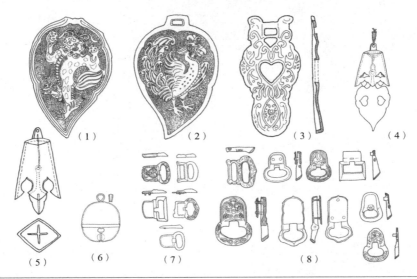

图11-14 （1）（2）鎏金铜杏叶垂饰　（3）葫芦形鎏金铜垂饰　（4）（5）（6）鎏金铜铃　（7）（8）各式鎏金铜带扣（（1）（2）（4）—（7）内蒙古赤峰市耶律羽之墓出土　（3）（8）内蒙古敖汉旗、大横沟辽墓出土）

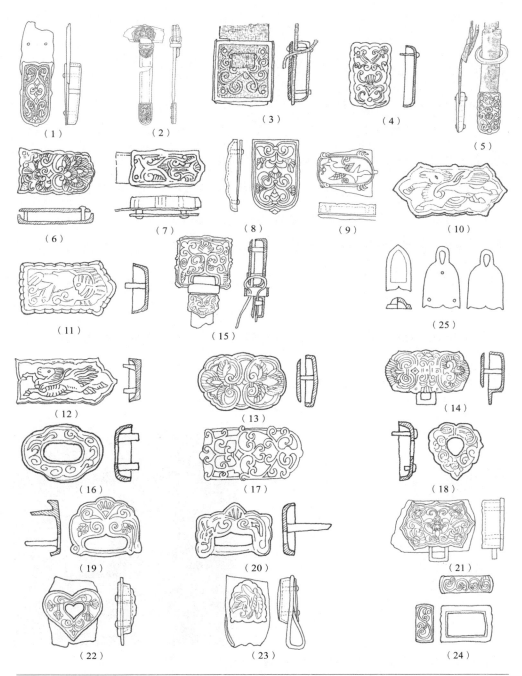

图11-15 （1）（6）（7）（8）（9）鎏金铜铊尾（（1）（8）（9）内蒙古赤峰市耶律羽之墓出土（6）（7）内蒙古敖汉旗沙子沟1号辽墓出土）（2）鞦带上的垂饰带与鎏金铜饰实物（内蒙古敖汉旗出土）（10）—（23）鎏金铜带饰（（10）—（16）（18）（19）（20）内蒙古敖汉旗出土 （17）（21）（22）（23）内蒙古赤峰市耶律羽之墓出土）（24）鎏金铜带箍（内蒙古赤峰市耶律羽之墓出土）（25）鎏金铜镳饰（辽宁康平县后刘东屯辽墓出土）

马鬃从五代时起已不再流行剪短，任其长长披覆于马项上，但喜欢像东汉时那样把额上的一撮扎成小辫，有时还与系结的马尾一起插上一根翎毛，并在辔头的颔带下垂挂一朵硕大的红缨作装饰（图11-16）。

马具上的饰品与镳等除了用玉制外，金属制品一般都是鎏金，黑带、红缨、金饰品，看上去如魏晋时期的马具同样耀眼夺目（图11-17）。

金代的马具资料较为稀少。山东高唐的虞寅墓，山西侯马的董明墓和闻喜的寺底墓的壁画、砖雕上出现了一些形象。鞍具与装饰看上去都和辽代的大同小异。铜、铁马镫在吉林郊区出土了好几件，其外形与内蒙古敖汉旗沙子沟、辽宁义县等地辽墓所出的铜镫也基本相同，只有镫柄上可以旋转的吊带环是一种新的设计，在以前的实物中还没有出现过（图11-18）。

金是历史上最后使用甲骑的朝代。重甲骑兵自南北朝达到鼎盛期后，隋初仍受到重视，至隋末已开始衰落，唐军作战的主力部队都是轻骑军团，很少使用甲骑。甲骑被淘

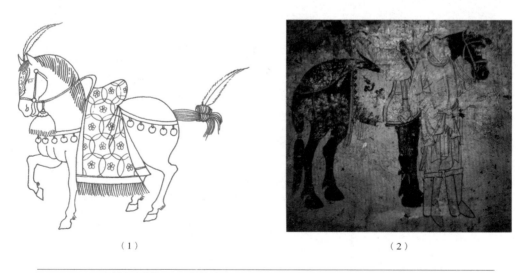

（1） （2）

图11-16 （1）内蒙古库伦旗2号辽墓墓道壁画《驭者引马图》 （2）辽宁二八地1号辽墓壁画《鞍马图》

图11-17 辽代马鞍具综合复原图

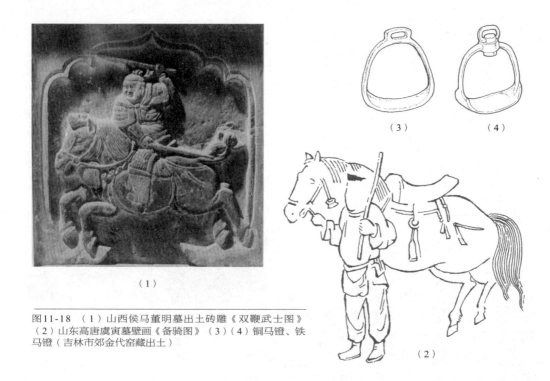

图11-18 （1）山西侯马董明墓出土砖雕《双鞭武士图》（2）山东高唐虞寅墓壁画《备骑图》（3）（4）铜马镫、铁马镫（吉林市郊金代窖藏出土）

汰的原因可能很多，但钢铁武器的大量运用，其锋利使铁甲难以抵挡防护，以甲骑作战的效果已不理想，这些应该说是甲骑衰弱被淘汰的最主要的原因。唐朝建立后，把重甲骑兵变成了仪仗兵。

从为数不多的资料中可以看出，隋至唐初的具装其整体样式仍保持南北朝的形制，初唐的寄生变得像一只花瓶，其中似还能插羽毛之类的饰品，《南齐书·东昏侯纪》中记载：有羽饰寄生，"马被银莲叶具装铠，杂羽孔翠寄生"。甲骑成为仪仗用具后，寄生便去掉了（图11-19）。

唐代中期至北宋初，具装虽然很少再使用，但仍然属于军事装备之一，所以北宋的官书《武经总要》也还将它收录其中，并附有插图，图中对具装的各部件都作了新的定名，马胄被称为"面帘"，护项改称"鸡项"，身甲、搭后的名称不变，但身甲

图11-19　甲马骑俑　（1）山西太原隋斛律彻墓出土　（2）四川万县唐墓出土　（3）陕西干县懿德太子墓出土

已不包括护胸甲，而专门增加了一块"荡胸"甲用于保护马胸，同时去掉了覆于搭后上的臀甲。

北宋的具装在今天还能找到实物范本。1999年《文物》杂志第8期上介绍了福建云霄的陈政墓前两件南宋时期的石雕马，[87] 其中有一件就是全身披挂的具装马（图11-20），这件精雕细凿的石马具装形象与《武经总要》上的插图十分相似，称得上是平面插图的立体再现。《武经总要》与福建云霄石刻马上的面帘与日本奈良手向山神社收藏的与唐鞍配套的银面帘外形颇相似，杨泓先生认为它们都是宋代实物，[86] 这就更能证明唐宋的鞍具形制的确相差无几（图11-21）。

金代的具装虽然见于文字记载，但实物及形象数据极少，只在《中兴祯应图》中出现过一个极简洁的图像，不能起到参考作用，金代之后，具装便再未出现过。

元代的马具在内蒙古成吉思汗陵出土过好几套，主要是鞍具，保存都很好。马镫与

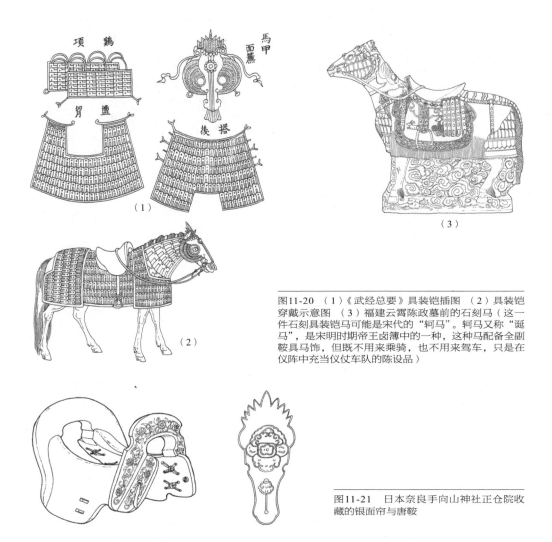

图11-20 （1）《武经总要》具装铠插图 （2）具装铠穿戴示意图 （3）福建云霄陈政墓前的石刻马（这一件石刻具装铠马可能是宋代的"轲马"。轲马又称"诞马"，是宋明时期帝王卤簿中的一种，这种马配备全副鞍具马饰，但既不用来乘骑，也不用来驾车，只是在仪阵中充当仪仗车队的陈设品）

图11-21 日本奈良手向山神社正仓院收藏的银面帘与唐鞍

鞍上的饰件均用铜铸并鎏金，工艺异常精巧。在新疆乌鲁木齐南郊盐湖的1号古墓中也出土了一具木鞍，这件元代木鞍的结构与同处出土的唐鞍一样，都是用四块木板榫卯成的，合缝处都用皮绳加固。成吉思汗陵的鞍与盐湖的鞍外形稍有不同，前者与盐湖南山2号墓的唐鞍很相似，后者的鞍面颇像魏晋的马鞍，宽阔平直，唯前鞍桥高大，中间突起呈"凸"字形，后鞍桥低矮且倾斜度很大（图11-22）。鞍桥的外侧也镶钉饰片。内蒙古锡林郭勒盟镶黄旗乌兰沟曾出土了一套黄金鞍饰片，其外形似适用于盐湖出土的元代鞍，饰片共分六件，可以镶包前后鞍桥和前后翼板，与成吉思汗陵的鞍恰好一致。六件饰片的总重量达435.7克，[87] 鞍饰片表面打出秀丽工整的凸凹纹饰（图11-23）。

元代鞍面上一般用皮革蒙覆，蒙覆的皮革有时在两侧呈斧形下垂一段盖于障泥之上，障泥呈前角突伸的椭圆形挂于鞍桥下。鞍鞴是一块方垫，宽而短。鞍前为一条胸带，胸带上挂有缨饰，鞍后有两根鞦带，一根吊束住马尾，另一根围于马臀后，在马的大腿处也像宋辽时一样垂一根饰带。马辔头上的镳仍是圆环，在辔头的颊带，有时还在鼻带上垂挂有大朵的缨饰。辔头带和胸带、鞦带上已不再流行钉饰件，但这些带本身有

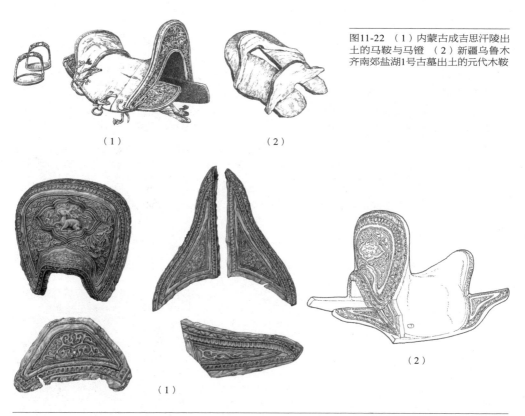

图11-22 （1）内蒙古成吉思汗陵出土的马鞍与马镫 （2）新疆乌鲁木齐南郊盐湖1号古墓出土的元代木鞍

（1）

（2）

（1）

（2）

图11-23 （1）内蒙古锡林郭勒盟镶黄旗乌兰沟出土金马鞍饰片 （2）金马鞍饰片装配示意图

时就是用华丽的织锦制成的。马镫的镫环较大，踏脚处平而宽阔，高级的镫环上还铸有花纹。全套鞍具的装置方法在陕西户县贺氏墓出土的彩绘白陶鞍马俑上表现得很清楚，有关元世祖的绘画作品也可以做一参考（图11-24、图11-25）。

明代的马具与元代大同小异，开封市喻浩墓前的石刻鞍马较有代表性，这件石马，鞍的形象可能并不准确，但鞍具上的各种饰件、绳带的系结方法及鞍具的结构层次雕刻得很精细（图11-26）。

明代鞍具中较有特征的是鞍鞯与障泥的配置。明代之前，无论鞍鞯大小总是与障泥上下重叠，至明代却把鞍鞯衬在障泥的后部，长度超出其下，一圆一方以两种不同色彩

（1）

（2）

（3）

图11-24 （1）陕西户县贺氏墓出土彩绘白陶鞍马俑
（2）、（3）元刘贯道作《元世祖出猎图》（局部）

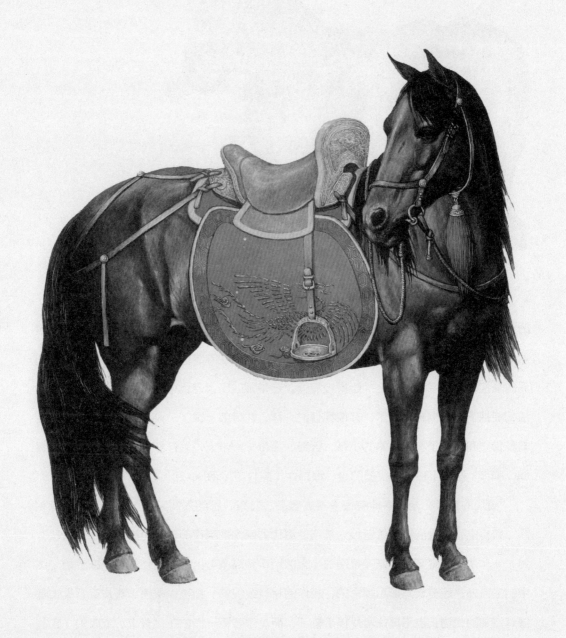

图11-25　元代马鞍具综合复原图

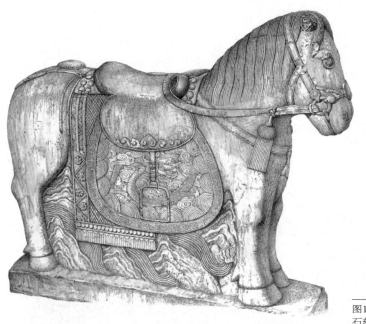

图11-26　开封市喻浩墓墓道旁的
石刻鞍马（据实物写生）

的织物搭配。前鞍桥也不再是一贯的拱形，而是中间开了一个豁口，这一点在石刻上表现得还不很清楚，但在山西右玉宝宁寺明代水陆画（在寺院内举行佛教仪式——水陆道场时悬挂的一种宗教画）上描绘得极清晰。鞧带则取用了元代鞧带中上面一根的系束方法，而把下面一根省略掉了，并像魏晋时一样，在臀部上饰了一朵红缨。马络头在颊带与鼻带之间新增了一条斜攀的小带，辔绳、鼻带、胸带上也缀挂红缨，帝王贵臣的马辔绳、胸带、鞧带上还钉有少量的金、银饰件（图11-27、图11-28）。

　　清代的鞍具在全国各地有很多实物藏品，其鞍、镫的形制完全与成吉思汗陵的相同。鞍桥上也镶金嵌银，做工极为精巧。清代的障泥把明代的鞍鞯与障泥的组合形象并为一体，做得又宽又长，乾隆皇帝的《大阅铠甲骑马像》上将其描绘得很明晰。除了图中的形象外，还有长方形和圆形的，制作的材料或织锦、毡毯，或熊、虎皮毛，周边都缝有宽阔的包边，也不再分两片挂于鞍下，而是像鞍鞯一样披在马背上。乾隆的《大阅

（1）

（2）

图11-27 （1）明佚名作品《宣宗马上像》（2）山西右玉宝宁寺明代水陆画

铠甲骑马像》上马辔与鞯带上还镶了宝石和玉饰器，这是皇帝的大礼坐骑，装扮当然格外华贵，一般大臣武将就要实用一些，平民百姓那就更简陋、朴素了。

总之，明清两代的马鞍具在装饰上要逊色于唐宋时代（图11-29）。

马成为人亲密的朋友的历史源远流长，直至今天，在广阔的草原和崇山峻岭上它与人依然形影不离。那里的人们总是以拥有一匹骏马为荣耀，每年他们为马举行各种大型的竞赛活动。这一天，既是马的节日，也是人的节日，人们不仅自己穿起节日的盛装，而且竭尽所能盛饰自己的坐骑，藉以表达对马的重视、钟爱之情。其中最突出的是藏族、哈萨克族和蒙古族（图11-30），从他们的马具马饰中，我们仿佛又重新见到了古代武士的雄姿。

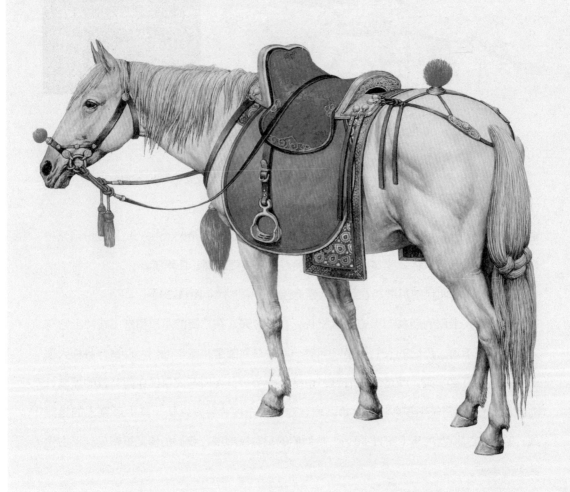

图11-28 明代马鞍具复原图

（2）

（1）

图11-29 （1）清郎世宁为乾隆皇帝作《大阅铠甲骑马像》（2）鎏金铜马镫（1966年自民间征集，陕西省历史博物馆藏）

（1）

图11-30 （1）藏族赛马会上身穿骑士装的赛手

图11-30 （2）哈萨克族的现代鞍具马饰

附录·历代出土车舆尺寸统计表

殷墟出土车尺寸概况统计表

编号	出土地点	轮径	辐数	轨宽	轮牙(辋)高	轮牙(辋)厚	舆(厢)广	舆(厢)进深	舆(厢)高	辀长	辀径	轴长	轴径	衡长	殉马数	殉人数	随葬武器及工具
20	小屯宫殿区									265	5.1-7.6-6.7	290	5.5-7.3	170	4	3	石戈、铜戈、石镞、铜镞、弓形器、兽头刀、砺石、玉策柄
40	小屯宫殿区			225						255	10	290		210	2	3	铜刀、弓形器、铜镞、骨锥、砺石
202	小屯宫殿区														2	3	砺石
1	孝民屯南地	122		240	8	8	134	83	40(?)	268	5-6×7-8	310	5-8		2	1	
2	孝民屯南地	122	26				100		41	260(?)	6-7×5-9		5-8		2		弓形器
175	大司空村	146	18	227	6	6	94	75		280	11	300	4.1-7	120(?)	2	1	石戈、铜锛、弓形器、铜镞、骨镞、铜軎、刀、铢、石镳
43	白家坟西北地	134-147	18	223	6	4	137	73	22(?)	292	10	309	9.5-10		2		铜戈、弓形器、矢镞铜镞(内铜镞)、铜锤、刀、凿、策柄
151	白家坟西北地	139	18		7.5	6											
698	孝民屯东南地	140-156	18	240	5	4-5			45	256	9-15	298	10		2	1	
7	孝民屯南地	133-144	22	217	10	7.5	129-133	74	45	290	12-13	3.06	13-15	110	2	1	
1613	孝民屯南地	126-145	18	224	8	5	150	107	45			294	10	113	2		
52	郭家庄西南	134-150	18	230	8	6	142-161／161-146	94-103	38-42／45-46	261-268	12×12	308	10-11-12	216-235	2	2	铜戈、弓形器、矢镞、铜镞、刀、策柄
27	西安老牛坡	140	16(?)	225			160	72	14(?)	240	7	315	7		2		
M40	梅园庄东南	137-145	18	240	6	6	134-146	82-94	16(?)	265	8-12	310	8	114	2	2	石锤、铜弓形器、刀、铜锛、铜铲、铜镳
M41	梅园庄东南	139-142	18	217	7	6	128-144	70-75	43-44		9-10	305	9-10	153	2	1	铜锛、铜矢
4	山东滕州前掌大	157-161	22	232	8	4-5	117-134	102	34(?)	274	7	309	9	133	2		铜弓形器、铜镞、骨戈

西周出土车尺寸概况统计表

编号	出土地点	轮径	辐数	轨宽	轮牙高	轮牙厚	舆广	舆进深	舆高	辀长	辀径	轴长	轴径	衡长	殉马数	殉人数	随葬武器及工具
151	洛阳东郊下瑶村	130-140	18-24				120	96	6(?)	320	12	90(?)	8-10				铜镞、铜铃
167	长安张家坡一号车马坑	129	22		4.4		107	86	25	281	6.5	292		240	2	1	
168	长安张家坡二号车马坑1号车	136	21	225	6.5		138	68	45	298		307		137	4	1	
168	长安张家坡二号车马坑2号车	135	21		5.6		135	70	20	295	7	294	7.8	110	1		
185	长安张家坡三号车马坑	140	22		6.5		125	80	44						2	1	
IIM202	北京琉璃河	140	24		6	5	160	80		250(?)	8	290	5-8				
IM521	北京琉璃河	140	24	244	7	7	150	90		260	14	308	8		4	1	
	山东胶县西庵	140	18	224	10	9	164	97	29(?)	284	8	304		138	4	1	铜甲、戈、石铲、钩镰、镞
BRCH₃	宝鸡茹家庄三号车马坑3号车	120	20	200	8	7	101	60	25	270	5-6-7	275	6-8	105	6		
BRCH₃	宝鸡茹家庄二号车马坑2号车	120	20	210	9	7-6	130	70	30	260	4.5-6-7	270	5.5-8	110			
BRCH₃	宝鸡茹家庄三号车马坑1号车	120	20	200	8	5-6	115	70	17轫42	265	4.5-5-7	260	5-8	116			
1	洛阳中州路	110			8.5		115	70	22(?)	170(?)	11	305(?)	9	122(?)	2		铜戈
4	洛阳中州路	144	22-24	220	9		132	85	37(?)	291	6.5-11	317	8-8.5	202	2		铜戈
C3M230	洛阳林业学校	120-135	20	220	4-4.5	5	150	50		184(?)	4-8	315	5		4		铜戈、铜钺、铜戟、铜剑

河南三门峡虢国墓车马坑出土各车尺寸统计表

车马坑编号	车号	轨宽	轴 长	轴 径	轮径	辐数	轮牙 高	轮牙 厚	辋 长	辋 径	衡 长	衡 径	舆 广	舆 进深	舆 高	轼 高	轼 径	毂宽
M2001CHMK1	CH1	172	225	8	102-138	22	8	5.5	290(?)	9	88(?)	5.5	120	98			3	
	CH2	180	248	8	106-146	26	7	5	300	8	120	6	120	96	20(?)			
	CH3	174	240	8	114-133	24	6	5	80(?)	7			106	88(?)	38			
	CH7	184	250	5-8	102-138	28	6	5.5	290(?)	6-8	72(?)	5	130	70-88	22(?)			
	CH8	180	254	5-8	110-140	28	6	5	220(?)	6-8	56(?)	6	37(?)	96	10-20(?)			26
M2012CHMK2	CH1	174	250	8	120-134	24	7	5	120(?)	6-8	120	6	36(?)	94	46		3	
	CH6	166	232	8	118-140	22	7	6					100	40(?)	38			
	CH8	184	256	8	120-136	25	7	5		7						76	4	
	CH11	194	246	8	106?	24	7	5	300	8	90(?)	5	108	82	20(?)		4	30
	CH12	196	256	8	124		7	5	290(?)	7-8	104	5	112	90	16(?)		4	
	CH15	192	236(?)	7-8	118-136	20	7	5	324	6-8	88(?)	4.5	104	140	25	66	3.5	28

河南上村岭虢国车马坑出土各车尺寸统计表

坑号	车号	轨宽	轴 长	轴 径	轮径	辐数	轮牙 高	轮牙 厚	辋 长	辋 径	衡 长	衡 径	舆 广	舆 进深	舆 高	轼 高	轼 径	毂宽
1727	1	155+	155+	6	133	25	6	6	300	6-7.8	300		120	90	32	55	35	36
	2	180	236	6.5	125	28	6	6	296	5.5-7.8	140	3.8	123	90	33	55	35	33
	4	169+	227	6.3	122	26	6	6	292+	5.5-7.8	140	5	125	82	34	54	3	35
	5	190	226+	7	126	34	6	6	300	6-9	220	4	104+	90	30	50	3.6	40
1051	1	166	200	6	124	25	6	6	300	6-8	100	5	100	100				
	2	166	178+	6			6	6		6		6	130	100				
	3	170	205	5	133	25	6	6		7			106					
	4	174	222		130	25	6	6					107					
	6	175		5	215	247	7	140	25	6	6		6					

山西上马墓地车马坑出土各车尺寸统计表

坑号	车号	轨宽	轮径	辐数	轮牙高	轮牙厚	轴长	轴径	辀长	辀径	衡长	衡径	广	进深	高	毂长	毂径
1	1	183	145	35	6	5	275	6	360	6-8	120	5.5	112-118	100	44		11-22
1	2	164	132	32	6	6	244	6-8	340	6-8	124	5	114	104	38		10-20
1	3	176	133	32	7	6	270	5	250(?)	8			115-119	103	40		7.5-20
2	1	206	140		8	7	260	6-8		6-8	146	5	100-106	100		52	8-22
2	2	208	137-140		8	6	260	4-8	90(?)	7-8			100	93	22(?)	60	7-22
2	3	200	137		8	6	277	4-7	130(?)	7.5			132	110	20	46	7.5-22
2	4	208	140		8	6	240	4-7		7.5			126	90		47	9-22
2	5	200	140		10	7	250	4-7					106	98		42	8-22
3	1	176	134	29	8	7	252	4.5-8	320	7-8	104	2.5-4	110-117	83	30	64	8-20
3	2	188	138	29	8	6	258	4.5-8	314	6-8	112	2-5	82-120	95	30	54	8-20
3	3	176	134	29	8	7	240	4-8	275	7-8	124	3-5.5	100-106	95	22	56	8-20

山西太原金胜村晋赵卿墓陪葬车马坑车辆尺寸统计表

车号	轨宽	轮径	辐数	轮牙高	轮牙厚	轴长	轴径	辀长	辀径	广	进深	高	轵高	轵径	輢高	軨长	軨宽	軨高	贤径	轵径	中径	鐈饰
1	190	115	30	4.5	4.5	256	9		9	136	120	52	48	5	32	40	7		13	10	20	5
2	200	105	30	7	4.5	260	9		9	127	124	43	45	4	28	45	15		13	9	19	8
3	200	134	26	7	5	275	10.5		8.5	142	117	64	62	4	48	47	42		12	10	20	12
4	196	108	30	8.2	5	250	9		8	118	125	53	53	4	24	39	11		13	9	19	1
5	193	128	28	5	5	263	8		8	120	100	50	51	4	30	40			12	8	19	2
6	182	130	26	5	4.5	252	8+		9	114	114	50	50	4	29	44	16		13	8	20	5
7	192	116	26	5	4.5	251	8		8	115	120	52	55	4	44	44	20		12	9	18	8
8	186	130	26	6	4.5	257	10		10	136	114	65	65	5	28	47	42		12	9	18	8
9	188	134	32	7	4	258	9	328+	8	120	97+	55	55	4		50	16			6	19	
10	195	123	28	8	4	268	8		8	120(?)	100+	15+	50+			50				8	19	6
11	190	125(?)	28	7.5	4	250+	8(?)		8	154	30+	63			42		47		13			
12	190	134(?)	26+	7	4	285	8	320+	8	146	106+		15+	55		58				6	20	
13	125-135		26+	7	4																	
14						40+	8															
15						130+	9															

河南辉县琉璃阁131号车马坑出土主要车辆尺寸统计表

车号	轮径	轨宽	辐数	轮牙高	轮牙厚	舆广	舆进深	舆高	辀长	辀径	轴长	轴径	衡长	衡径	毂长	毂径
1	140	190	26	8	5.5	130	104	36	170+	8	242(?)	10-12	170	3	38	22
5	95	140	26	6.5	4.8	95	93	27+	120+	4	178	7	140	3	16+	16
6	105	185	26	7.5	6.5(7)	120	98	42	205	8	242	14(?)	140(?)	3		18
16	130	182	26+4	7(?)	8(?)	140	105	40	210	10	236+	9-12	140	4	24(?)	17
17	140	180	26+4	7(?)	8(?)	150(?)	110(?)	40(?)	215	10	242	14	150	3	24(?)	20

各地出土战国车尺寸统计表

出土地点	编号	轮径	轨宽	辐数	轮牙高	轮牙厚	轴长	轴径	舆广	舆进深	舆高	辀长	辀径	衡长	衡径	轵高	轵径
河南洛阳中州路	M19	169	200(?)	18(?)	9		2.77	8-10	160	150	35-40	340	12	141	8		
河北平山中山国国君罍墓2号陪葬车马坑	1	76(?)		22(?)	7	3.1	260	9	168	156	53	224(?)	4.5-8-12	160(?)	4.6		5
	2	80(?)			6.5-7		268	11	170	180	42-49(?)	176		160(?)	4.5		
	3	80(?)					206	9	130	130	47	160(?)	4.5-7	160	5		
	4	78(?)		22(?)	7	3.5	215	10	140	132		160(?)	4.5-10				
河南淮阳马鞍冢2号车马坑	4	136	208	32	6.5	5.5	294	11	148	110	34.5	340	8-10	146	两头3-5		
	7	146	195		9.5		274		160	98		310		125	3-5		
	13	136		32	7		257		0578	83190	103	490		136	6		
江陵九店	M104	126	184	26	10		271	12	152	100	32	340	9-12	136	6	36	
湖北宜城罗岗 MICH车马坑	3	131	198	26	6	4.5	260	5	145	114	65	351		80+	4-6		
	4	134	188	26	6	4.5	228	6.8	150	130		307	6-7宽6厚	117	4-6	80	4
	5	131	194	26	5	4.5	268	6	145	109		313+	4-10				
	6	102	185	26	6	4	292	6	135	115		352	6-12宽3.5厚				
	7	140	197	26	5	5.5	270	4.8-7	172	122	40	400	4-13宽4厚	152			
山东临淄淄河店2号战国墓	1	100		28	5		292	8	140	210	40	317		160	5-3		
	11	136		30			270	8	126	120			10宽4厚				
	20	146		30			270		120	80	20(?)		6-10宽5厚	160	5-10		
陕西凤翔马家庄1号建筑群遗址		64	160	25	4	3	200	6-10				155(?)	5-10	124	55		

各地出土秦车尺寸统计表

出土地点	编号	轮径	轨宽	辐数	轮牙高	轮牙厚	轴长	轴径	舆广	舆进深	舆高	辀长	辀径	衡长	衡径	轼高	轼径
陕西长武上孟村		122	190	24	7		270		147	94		305	6-11	160			
陕西凤翔八旗屯	BS26	140	213	28	6	5	280	4-8	149	96	27	335	7-10	140	2-4	53	3
	BS33①	118	186	28	6	4	252	4	134	80				134	2-4		
	BS33②	134	213	28	6	4.5	286	5	134	78	33		10	134	2-?		
	BS33③	128	200	28	6	5	268	5-9					9				
甘肃平凉庙庄	M6	127	195	30	6	3.5-4	274	6.5-8	140	95	30	290	3-6-15	145	5-7	40	2
	M7	114	200	30	5-6	2(?)			126	99	40	267	9-11	136	3	30	4
陕西临潼秦始皇陵	1号铜车	66.4	95	30	4	2-2.4	134	1.56-4	74	48.5	21.5	183.4	3.5-5	80	2-4	45.3	
	2号铜车	59	99.8	30	44	2-2.4	143	1.9-2.4	36.2	35	143-163	246		79	2-3	19.1	
	2号铜车（后室）								78	88	56.3						

注：（1）秦陵1、2号铜车全部尺寸要乘2，方为实际尺寸。（2）2号铜车的舆，有两种尺寸，轼有两种和尺寸，上格为前室，下格为后室的。

各地出土汉车尺寸统计表

出土地点	编号	轮径	轨宽	辐数	轮牙高	轮牙厚	轴长	轴径	舆广	舆进深	舆高	辀长	辀径	衡长	衡径
山东临淄齐王墓	4号坑①	145	206	32								330		182	
	4号坑②	144	220						146	199	36	375		138	4
	4号坑③		206									320		142	
	4号坑④	98	113	26	65	6	146	6	86-89	92	54	172		73	3
北京大葆台汉墓	1号墓①	142	200	24		6	264	10	165	63	55	333	7	160	4
	1号墓②	142	200	22		4	264	10	165	110	89	360	7	160	4
	1号墓③	146	206	26		4			170					160	4

注：（1）图表中的空格指的是尺寸没有测量出来。（2）"?"表明遗迹遭到破坏，测量的尺寸有疑问。（3）图表中标注的尺寸均为厘米

参考文献

［1］ 孙机. 中国古独辀马车的结构. 文物, 1985（8）.

［2］ 杨宝成. 殷墟的发现与研究. 北京：科学出版社, 1994.

［3］ 马德志, 等. 1953年安阳大司空村发掘报告. 考古学报, 1955(9).

［4］ 中国科学院考古研究所安阳发掘队. 安阳殷墟孝民屯的两座车马坑. 考古, 1977（1）.

［5］ 中国社会科学院考古研究所安阳工作队. 1969—1977年殷墟西区墓葬发掘报告. 考古学报, 1979（1）.

［6］ 中国科学院考古研究所安阳工作队. 安阳新发现的殷代车马坑. 考古, 1972(4).

［7］ 中国社会科学院考古研究所安阳工作队. 殷墟西区发现一座车马坑. 考古, 1984（6）.

［8］ 中国社会科学院考古研究所安阳工作队. 安阳郭家庄西南的殷代车马坑. 考古, 1988(10).

［9］ 西北大学历史考古专业. 西安老牛坡商代墓地的发掘. 文物, 1988(6).

［10］ 中国社会科学院考古研究所山东工作队. 山东滕州市前掌大商周墓地1998年发掘简报. 考古, 2000(7).

［11］ 国家文物局. 中国重要考古发现. 北京：文物出版社, 2005.

［12］ 国家文物局. 中国重要考古发现. 北京：文物出版社, 2006.

［13］ 郭宝钧. 浚县辛村. 北京：科学出版社, 1964.

［14］ 郭宝钧, 林寿晋. 一九五二年秋季洛阳东郊发掘报告. 考古学报, 1955(9).

［15］ 中国社会科学院考古研究所. 沣西发掘报告. 北京：文物出版社, 1962.

［16］ 中国社会科学院考古研究所沣西发掘队. 1967年长安张家坡西周墓葬的发掘. 考古学报, 1980(4).

［17］ 北京市文物研究所. 琉璃河西周燕国墓地. 北京：文物出版社, 1995.

［18］ 中国社会科学院考古研究所, 北京市文物工作队琉璃河考古队. 1981—1983年琉璃河西周燕国墓地发掘简报. 考古, 1984（5）.

［19］ 卢连成, 胡智生. 宝鸡强国墓地. 北京：文物出版社, 1988.

［20］ 山东省昌潍地区文物管理组. 胶县西庵遗址调查试掘简报. 文物, 1977（4）.

［21］ 中国社会科学院考古研究所洛阳唐城队. 洛阳老城发现四座西周车马坑. 考古, 1988(1).

［22］ 中国社会科学院考古研究所沣西发掘队. 1984年长安普渡村西周墓发掘简报. 考古, 1988(9).

［23］ 洛阳市文物工作队. 洛阳林校西周车马坑. 文物, 1999（3）.

［24］中国社会科学院考古研究所山东工作队. 滕州前掌大商代墓葬. 考古学报，1992(3).

［25］中国社会科学院考古研究所. 张家坡西周墓地. 北京：中国大百科全书出版社，1999.

［26］河南省文物考古研究所. 上村岭虢国墓地. 北京：科学出版社，1959.

［27］河南省文物考古研究所. 三门峡虢国墓. 北京：文物出版社，1999.

［28］许宏. 上马墓地. 北京：文物出版社，1994.

［29］中国社会科学院考古研究所，山西省考古研究所，运城市文物局等. 临猗程村墓地. 北京：中国大百科全书出版社，2003.

［30］山西省考古研究所，太原市文物管理委员会，陶正刚，等. 太原晋国赵卿墓. 北京：文物出版社，1996.

［31］国家文物局. 中国重要考古发现. 北京：文物出版社，2007.

［32］中国社会科学院考古研究所. 辉县发掘报告. 北京：科学出版社，1956.

［33］洛阳博物馆. 洛阳中州路战国车马坑. 考古，1974(3).

［34］河北省文物研究所. 瞿墓——战国中山国国王之墓. 北京：文物出版社，1996.

［35］河南省文物研究所，周口地区文化局文物科. 河南淮阳马鞍冢楚墓发掘简报. 文物，1984(10).

［36］湖北省文物考古研究所. 江陵九店东周墓. 北京：科学出版社，1995.

［37］湖北省文物考古研究所，等. 湖北宜城罗岗车马坑. 文物，1993(12).

［38］山东省文物考古研究所. 山东淄博市临淄区淄河店二号战国墓. 考古，2000(10).

［39］洛阳市文物工作队. 洛阳王城广场东周墓. 北京：文物出版社，2009.

［40］国家文物局. 2002中国重要考古发现. 北京：文物出版社. 2003.

［41］龙少，卫康叔. 马家塬战国墓：解开戎王的秘密. 中华遗产，2008(12).

［42］陕西雍城考古队. 凤翔马家庄一号建筑群遗址. 文物，1985(2).

［43］渠川福. 太原晋国赵卿墓车马坑与东周车制散论. 太原晋国赵卿墓. 北京：文物出版社，1996.

［44］孙机. 中国古独辀马车的结构. 文物，1985(8).

［45］洛阳博物馆. 洛阳中州路战国车马坑. 考古，1974(3).

［46］陕西省考古研究所宝鸡工作站，等. 陕西陇县边家庄五号春秋墓发掘简报. 文物，1988(11).

［47］于省吾.殷代的交通工具和马日传制度.东北人民大学人文科学学报，1955(2).

［48］镇江博物馆.江苏丹徒大港母子墩西周铜器墓发掘简报.文物，1984(5).

［49］袁仲一，程学华.秦陵二号铜车马.考古与文物丛刊第一号，1986.

［50］始皇陵秦俑坑考古发掘队.临潼县秦俑坑试掘第一号简报.文物，1975(11).

［51］始皇陵秦俑坑考古发掘队.秦始皇陵东侧第二号兵马俑坑钻探试掘简报.文物，1978(5).

［52］秦俑坑考古队.秦始皇陵东侧第三号兵马俑坑清理简报.文物，1979(12).

［53］甘肃省博物馆.甘肃平凉庙庄的两座战国墓.考古与文物，1982(5).

［54］吴镇烽，尚志儒.陕西凤翔八旗屯秦国墓葬发掘简报.文物数据丛刊，1980(3).

［55］陕西省秦俑考古队.秦始皇陵一号铜车马清理简报.文物，1991(1).

陕西省秦俑考古队，秦始皇兵马俑博物馆编.秦陵二号铜车马.考古与文物，1983(11).

［56］湖北省荆州市周梁玉桥遗址博物馆.关沮秦汉墓清理简报.文物，1999(6).

［57］山东省淄博市博物馆.西汉齐王墓随葬器物坑.考古学报，1985(2).

［58］中国社会科学院考古研究所，河北省文物管理处.满城汉墓发掘报告.北京：文物出版社，
1978.

［59］河北省文物研究所.河北定县40号汉墓发掘简报.文物，1981(8).

［60］山东省博物馆.曲阜九龙山汉墓发掘简报.文物，1972(5).

［61］大葆台汉墓发掘组中国社会科学院考古研究所.北京大葆台汉墓.北京：文物出版社，
1989.

［62］河北省文物研究所鹿泉市文物保管所.高庄汉墓.北京：科学出版社，2006.

［63］凤凰山一六七号汉墓发掘整理小组.江陵凤凰山一六七号汉墓发掘简报.文物，1976(10).

［64］中国科学院考古研究所.长沙发掘报告.北京：科学出版社，1957.

［65］甘肃省博物馆.武威磨咀子三座汉墓发掘简报.文物，1972(12).

［66］南京博物院.江苏涟水三里墩西汉墓.考古，1973(2).

［67］贵州省博物馆考古队.贵州兴义、兴仁汉墓.文物，1979(5).

［68］甘肃省博物馆.武威雷台汉墓.考古学报，1974(2).

［69］孙机.略论秦始皇一号铜车.文物，1991(1).

［70］湖北省博物馆，随县博物馆，中国社会科学院考古研究所技术室.《湖北随县擂鼓墩一号
墓皮甲胄的清理与复原.考古，1979(6).

［71］吴顺青，徐梦林，王红星. 荆门包山二号墓部份遗物的清理与复原. 文物，1988(5).
白荣金. 包山楚墓马甲复原辨正. 文物，1989(3).

［72］孙机. 始皇陵二号铜车马对车制研究的新启示. 文物，1983(7).

［73］C. N. 鲁金科（苏联科学院物质文化史研究所）. 论中国与阿尔泰部落的古代关系. 考古学报，1957(2).

［74］中国社会科学院考古研究所安阳工作队. 安阳孝民屯晋墓发掘报告. 考古，1983(12).

［75］辽宁省博物馆文物队，朝阳地区博物馆文物队，朝阳县文化馆. 朝阳袁台子东晋壁画墓. 文物，1984(6).

［76］吉林省博物馆文物工作队. 吉林集安的两座高句丽墓. 考古，1977(2).

［77］黎瑶渤. 辽宁北票县西官营子北燕冯素弗墓. 文物，1973(3).

［78］田立坤，李智. 朝阳发现的三燕文化遗物及相关问题. 文物，1994(11).

［79］辽宁省文物考古研究所著. 朝阳十二台砖厂88M1发掘简报. 文物，1997(11).

［80］ Donald J.LaRocca. *WARRIOS OF THE HIMALAYAS: Rediscovering the Arms and Armor of Tibet*, U.YALE, 2006.

［81］吉林省博物馆，哲里木盟文化局. 吉林哲里木盟库伦旗一号辽墓发掘简报. 文物，1973(8)

［82］敖汉旗文物管理所. 内蒙古昭乌达盟敖汉旗北三家辽墓. 考古，1984(11).

［83］王炳华. 盐湖古墓. 文物，1973(10).

［84］孙机. 唐代的马具与马饰. 文物，1981(10).

［85］内蒙古文物考古研究所，等. 辽耶律羽之墓发掘简报. 文物，1996(1).

敖汉旗文物管理所. 内蒙古敖汉旗沙子沟、大横沟辽墓. 考古，1987(10).

［86］汤毓贤. 两件雕饰精美的南宋石马及有关石像生. 文物，1999(8).

［87］杨泓. 宋代的马珂之制——从美国纽约大都会美术馆所藏宋画及日本的"唐鞍"谈起. 文物，1987(9).

［88］ 内蒙古文物考古研究所编. 内蒙古文物考古集（第一辑）. 北京：中国大百科全书出版社，1994.